功能性健身动作指导丛书

哑铃

铃

训练全书

▶ 精编视频学习版

王 轩_编著

人民邮电出版社

北 京

图书在版编目（CIP）数据

哑铃训练全书 ：精编视频学习版 / 王轩编著. --
北京 ： 人民邮电出版社，2023.9
（功能性健身动作指导丛书）
ISBN 978-7-115-62213-6

Ⅰ．①哑… Ⅱ．①王… Ⅲ．①哑铃（健身运动） Ⅳ.
①G835.4

中国国家版本馆CIP数据核字(2023)第156889号

免 责 声 明

作者和出版商都已尽可能确保本书技术上的准确性以及合理性，并特别声明，不会承
担由于使用本出版物中的材料而遭受的任何损伤所直接或间接产生的与个人或团体相关
的一切责任、损失或风险。

内 容 提 要

本书由中国国家乒乓球女队体能教练执笔，从执教顶尖职业运动员的亲身实践中总结
经验，推出了一套使用哑铃的健身训练体系，读者可以通过书中的手臂训练、肩部训练、
胸背训练、腹部训练、下背部训练、臀部训练、腿部训练和复合训练，全面提升肌肉力量
和身体功能，使身体更强壮、更健美、更具力量感。

本书采用分步骤图解的方式呈现，部分动作有正面、侧面多角度图，每个动作都提供
目标肌群、指导要点和动作步骤讲解，且训练计划配有视频，扫二维码即可免费观看，是
一本适合普通健身爱好者和专业健身教练使用的哑铃训练指南。

◆ 主　编 王　轩
　　责任编辑 裴　倩
　　责任印制 彭志环

◆ 人民邮电出版社出版发行　　　北京市丰台区成寿寺路 11 号
　　邮编　100164　 电子邮件　315@ptpress.com.cn
　　网址　https://www.ptpress.com.cn
　　廊坊市印艺阁数字科技有限公司印刷

◆ 开本：700×1000　1/16
　　印张：8.5　　　　　　　 2023 年 9 月第 1 版
　　字数：112 千字　　　　　2025 年 10 月河北第 6 次印刷

定价：39.80 元

读者服务热线：(010)81055296　印装质量热线：(010)81055316
反盗版热线：(010)81055315

目录

CONTENTS

第 3 章　肩部训练

第 4 章　胸背训练

第 5 章　腹部训练

第 6 章　下背部训练

第 7 章　臀部训练

第 8 章　腿部训练

扫码回复"62213"，
获取训练计划视频。

第1章

初识哑铃

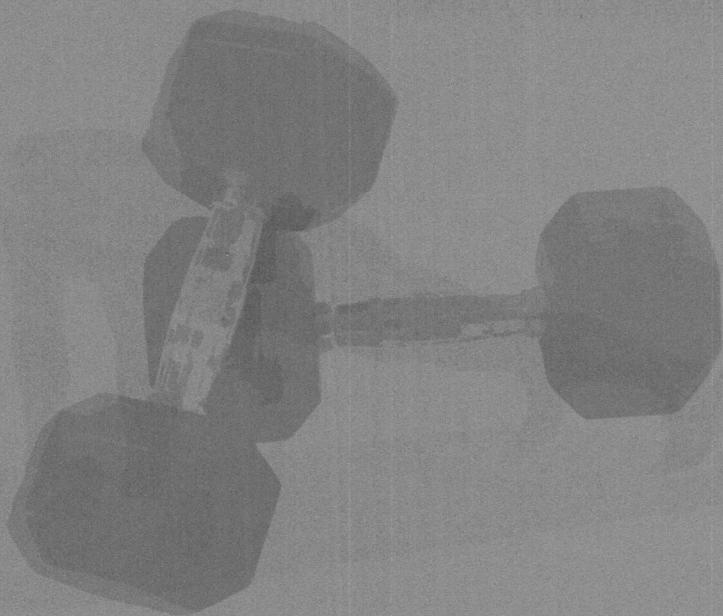

哑铃简介 ___

哑铃是最传统的负重训练器械之一，也是日常生活中非常常见的训练器材，使用哑铃进行的训练方式数不胜数。哑铃训练属于自由重量训练，自由重量训练则是力量训练方法中最为传统、最为基础的训练方法之一，是训练者克服重力、支撑或移动身体，在三维空间内完成的力量训练。自由重量训练对绝对力量转化为功能性力量有很大的帮助，有助于提高训练者的本体感觉、神经肌肉控制能力和稳定性。自由重量训练与人们的日常活动非常相似，日常生活中经常出现与自由重量训练相类似的动作，如拎购物袋、移动家具、炒菜做饭、怀抱婴儿等。自由重量训练所需的花费相对较少，训练中也有多种变化形式供训练者进行选择。自由重量训练对于普通健身爱好者和运动员都适用，它的各种衍生变化能够满足各类训练人群的需求。

无论在家里还是在健身房，你都可以使用哑铃进行适合自己的训练。哑铃训练能够刺激身体的各部分肌肉，增强身体的功能，改善肌肉线条。哑铃对于训练和储藏的空间需求也较低，且价格适中，对于在家庭使用的训练者来说性价比非常高。

哑铃训练通常是利用哑铃的重量，进行各种方式的上举或后拉，还可作为额外负荷在下蹲或卷腹练习中使用，以增强对下肢和躯干各目标肌群的刺激程度。哑铃训练通常使用站姿、坐姿、跪姿等身体姿态进行，如果结合瑞士球、训练椅、斜板等其他器材，可变换出更多的训练方式，更好地刺激全身绝大多数肌肉，尤其是核心肌群。

哑铃训练的优势 ▃

　　哑铃价格亲民，存储方便，不仅是各种规模健身房的必备器械，而且出现在很多家庭中。哑铃不仅能满足各类人群的健身需求，还存在下述几大优点。

在增强肌肉力量的同时提升肌肉控制能力

　　当训练者在使用哑铃进行训练时，哑铃的运行轨迹并不固定，是完全由训练者自身控制的，这一点与传统的器械训练非常不同。这就要求人们在举起哑铃进行目标肌肉力量训练的同时，能够对哑铃的运动轨迹有良好的控制。如果前臂肌群控制能力较弱，哑铃的运行轨迹不规范，训练的效果就会大打折扣。通过一段时间的训练，伴随着对哑铃控制能力的增强，肌肉的等长收缩能力会增强。

对不平衡现象起到纠正作用

　　无论是普通健身爱好者还是运动员，一个普遍存在的问题就是左右两侧肌力不平衡。每个人都有自己的惯用手，很多运动（如乒乓球、羽毛球等）更是具有长期单侧发力的专项要求，这就导致身体左右两侧的肌肉力量不均衡，有些时候甚至相差甚远。这种不平衡极易造成运动损伤，而哑铃恰恰能够很好地改善这个问题。由于哑铃是一种可以用于单侧运动的训练器械，且重量可调，因此精心设计哑铃训练计划能够在巩固优势侧力量的同时增强弱势侧，逐步缩小两侧肌肉力量的差距，使身体恢复到一个相对平衡的状态，从而降低运动损伤的发生概率，保证身体处于一个良好而平衡的状态。

训练难度可高可低，满足不同需求

　　哑铃的训练方式多样，负荷也存在阶梯式增长的特点，可以满足各类目标人群的训练需求。无论是健身菜鸟、资深爱好者还是各个水平的运动员，都可以通过调整哑铃重量和训练方式来刺激目标肌肉，增强身体能力。哑铃可以进行单边训练，不仅对目标肌肉能够进行有效刺激，同时还能够对核心肌群产生负荷，增强核心抗旋能力。

全面增强身体各方面能力

　　很多人对于哑铃的认识只存在于练习肱二头肌，然而很多人不清楚的是，利用哑铃几乎可以进行覆盖身体各个部位的训练，全面发展身体能力。而且通过变换训练方式，结合哑铃重量的选择，训练者还可以提高肌肉力量、肌肉耐力、爆发力等多种能力。哑铃是功能非常全面的器械。

设备的选择 ▃

哑铃的选择

选择哑铃时主要考虑重量和种类两个方面。

重量

如果你是一名健身菜鸟或者对健身要求不高的爱好者，那么只需要一对重量较轻的哑铃就能够进行本书介绍的大部分训练动作。但是如果你是一名在健身圈里混迹多年的老手，或者对自己能力的提升有一个较高的目标，那较轻的哑铃就不能成为你唯一的工具了。为了让你的训练更有效，你需要在训练中为肌肉提供足够的负荷。对有些肌肉和练习来说，一对5磅（2.3千克）的哑铃就可以达到目的，而大多数肌肉和练习可能需要10~40磅（4.5~18千克）不等的哑铃。所以在进行不同部位和肌群的练习时，或者在训练的不同阶段，选择恰当重量的哑铃能够为你的训练效果提供良好的保障。

种类

目前哑铃大致可分为两类：第一类是固定重量哑铃，这种哑铃通常由金属制成，其配重无法增加或减少，是健身房里最为普遍的一种哑铃；第二类是可调节式哑铃，目前主流的可调节式哑铃有挂片式和选择式两种，挂片式的形式与杠铃杆和杠铃片类似，通过增减配重片调节重量；选择式则更高端，类似健身房使用的配重器，通过拨动选择器或移动插销等方式设定配重。固定重量哑铃是相对简单方便的一类哑铃，训练时只需要选择合适重量即可，但由于重量不可调节，对于健身爱好者来说，意味着需要购买不同重量的哑铃，而且对储

存空间提出了要求。挂片式可调节哑铃在这方面则更加省心，对大多数人来说，购买一套可调节哑铃即可满足各种锻炼需求，如果你需要更大配重的刺激，只需要单独购买配重片即可，而且也不需要更多的空间来储存和摆放。选择式可调节哑铃相比挂片式来讲，省去了烦琐的拆卸和组装步骤，并且非常节省空间。但是它的缺点在于价格昂贵，让很多人望而却步。

其他设备的选择

哑铃训练的方式多种多样，如果加入一些辅助设备，不仅能够使训练方式更加丰富，还能够更好地刺激目标肌肉，提高训练效率。

瑞士球

瑞士球通常用作核心训练，因为它的不稳定性能够极大地增加稳定肌群在训练中的募集效果。在哑铃训练中加入瑞士球，能够在训练目标肌肉的同时增强核心肌群的参与，全面地增强身体能力。同时，瑞士球也能够在没有可调节训练椅的情况下作为替代品辅助训练。

可调节训练椅

可调节训练椅集合了平凳、上斜板和下斜板的功能，不仅可以提供坐、卧、躺等不同姿势的训练，还能够为某些训练提供合适的角度，让身体训练达到在普通姿势下很难做到的范围和角度。

第2章

手臂训练

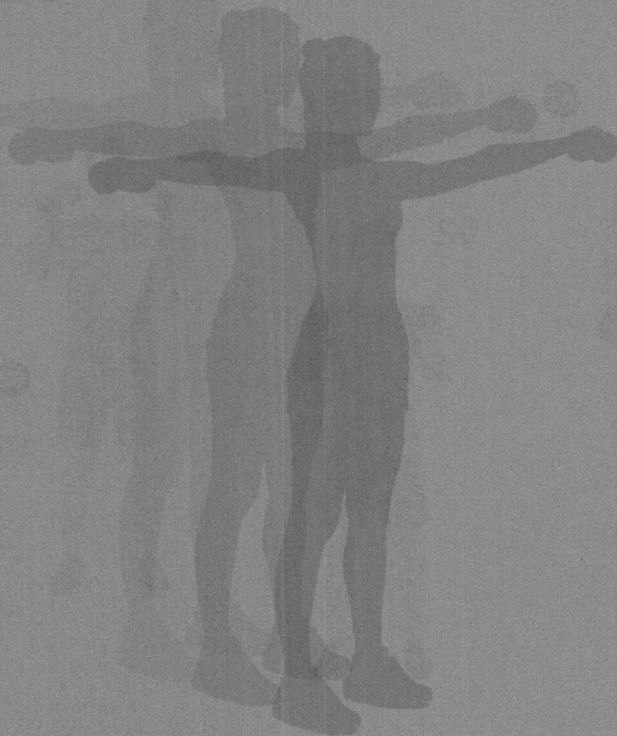

哑铃 - 站姿 - 双臂基本弯举 ___

目标肌群	肱二头肌
指导要点	动作稳定，核心收紧

动作步骤 ▶

01

01 基本站姿，双手握哑铃自然下垂，掌心向前。

02

03

双臂弯举

02~03 双臂同时弯举，至掌心向后。回到初始位置，重复规定次数。

哑铃 - 站姿 - 双臂锤式弯举 ___

目标肌群	肱二头肌
指导要点	动作稳定，核心收紧

动作步骤 ▶

01

01 基本站姿，双手握哑铃自然下垂，掌心相对。

02

03

双臂弯举

02~03 双臂同时弯举，保持掌心相对。回到初始位置，重复规定次数。

哑铃－站姿－双臂正向弯举

目标肌群	肱二头肌
指导要点	动作稳定，核心收紧

动作步骤

01

01 基本站姿，双手握哑铃自然下垂，掌心向后。

02

03

双臂弯举

02～03 双臂同时弯举，至掌心向前。回到初始位置，重复规定次数。

哑铃－斜托－双臂基本弯举

目标肌群	肱二头肌
指导要点	上臂紧贴斜托

动作步骤

01

01 坐在椅子上，双手握哑铃，肘关节或上臂靠住椅背，掌心向前。

02

03

双臂弯举

02～03 进行弯举练习，至掌心向后。回到初始位置，重复规定次数。

哑铃－斜托－双臂锤式弯举

目标肌群	肱二头肌
指导要点	上臂紧贴斜托

动作步骤 ▶

01

> **01** 坐在椅子上，双手握哑铃，肘关节或上臂靠住椅背，掌心相对。

02

03

双臂弯举

> **02～03** 保持掌心相对，进行弯举练习。回到初始位置，重复规定次数。

哑铃－斜托－双臂正向弯举

目标肌群	肱二头肌
指导要点	上臂紧贴斜托

动作步骤 ▶

01

> **01** 坐在椅子上，双手握哑铃，肘关节或上臂靠住椅背，掌心向后。

02

03

双臂弯举

> **02～03** 进行弯举练习，至掌心向前。回到初始位置，重复规定次数。

哑铃 – 坐姿 – 双臂基本弯举

动作步骤

01

> **01** 坐在训练椅上，双手握哑铃，自然下垂在身体两侧，掌心向前。

02

03

双臂弯举 ↑

> **02~03** 双臂同时弯举，至掌心向后。回到初始位置，重复规定次数。

哑铃 – 坐姿 – 双臂锤式弯举

目标肌群	肱二头肌
指导要点	动作稳定，核心收紧

动作步骤

01

> **01** 坐在训练椅上，双手握哑铃，自然下垂在身体两侧，掌心相对。

02

03

双臂弯举 ↑

> **02~03** 双臂同时弯举，保持掌心相对。回到初始位置，重复规定次数。

手臂训练

哑铃 - 坐姿 - 双臂正向弯举

目标肌群	肱二头肌
指导要点	动作稳定，核心收紧

动作步骤 ▶

01

01 坐在训练椅上，双手握哑铃，自然下垂在身体两侧，掌心向后。

02

03

双臂弯举 ↑

02~03 双臂同时弯举，至掌心向前。回到初始位置，重复规定次数。

哑铃 - 坐姿 - 单臂基本弯举

目标肌群	肱二头肌
指导要点	动作稳定，核心收紧

动作步骤 ▶

01

01 坐在训练椅上，单手握哑铃，掌心向对侧手臂方向，肘关节支撑在膝盖内侧以固定位置。

02

03

单臂弯举 ↑

02~03 单臂弯举。回到初始位置，重复规定次数。

哑铃－坐姿－单臂锤式弯举

目标肌群	肱二头肌
指导要点	动作稳定，核心收紧

动作步骤 ▶

01

01 坐在训练椅上，单手握哑铃，掌心向后，肘关节支撑在膝盖内侧以固定位置。

02

03

单臂弯举

02~03 单臂弯举。回到初始位置，重复规定次数。

哑铃－坐姿－单臂正向弯举

目标肌群	肱二头肌
指导要点	动作稳定，核心收紧

动作步骤 ▶

01

01 坐在训练椅上，单手握哑铃，掌心向同侧手臂方向，肘关节支撑在膝盖内侧以固定位置。

02

03

单臂弯举

02~03 单臂弯举。回到初始位置，重复规定次数。

手臂训练

哑铃－斜托－单臂基本弯举

目标肌群	肱二头肌
指导要点	动作稳定，核心收紧

动作步骤

01

01 将训练椅调节为上斜30~45度，单手握哑铃放在斜板上，掌心向前。

02

03

单臂弯举

02~03 进行单臂弯举。回到初始位置，重复规定次数。

哑铃－斜托－单臂锤式弯举

目标肌群	肱二头肌
指导要点	动作稳定，核心收紧

动作步骤

01

01 将训练椅调节为上斜30~45度，单手握哑铃放在斜板上，掌心朝向对侧手臂方向。

02

03

单臂弯举

02~03 进行单臂弯举。回到初始位置，重复规定次数。

哑铃－斜托－单臂正向弯举

目标肌群	肱二头肌
指导要点	动作稳定，核心收紧

动作步骤

01

01 将训练椅调节为上斜30~45度，单手握哑铃放在斜板上，掌心向后。

02

03

单臂弯举

02~03 进行单臂弯举。回到初始位置，重复规定次数。

哑铃－靠墙站姿－双臂基本弯举

目标肌群	肱二头肌
指导要点	紧贴墙壁，排除躯干代偿

动作步骤

01

01 基本站姿，背靠墙壁，双手握哑铃自然下垂在身体两侧，掌心向前。

02

双臂弯举

02 进行双臂弯举。回到初始位置，重复规定次数。

哑铃 - 靠墙站姿 - 锤式弯举

目标肌群	肱二头肌
指导要点	紧贴墙壁，排除躯干代偿

动作步骤 ▶

01

01 基本站姿，背靠墙壁，双手握哑铃自然下垂在身体两侧，掌心相对。

02 双臂同时弯举。回到初始位置，重复规定次数。

02

双臂弯举

哑铃 - 上斜 - 仰卧 - 双臂基本弯举

目标肌群	肱二头肌
指导要点	动作全程保持肩关节角度不变

动作步骤 ▶

02

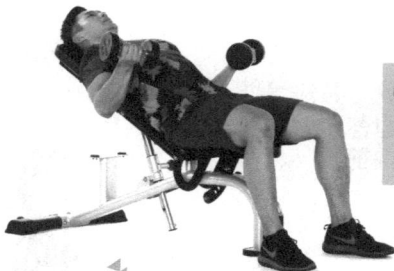

02~03 双臂同时弯举。回到初始位置，重复规定次数。

01

01 将训练椅调节为上斜30~45度，仰卧在训练椅上，双手握哑铃自然下垂在身体两侧，掌心向前。

03

双臂弯举

哑铃 - 上斜 - 仰卧 - 双臂锤式弯举

目标肌群	肱二头肌
指导要点	动作全程保持肩关节角度不变

动作步骤 ▶

01

02

02 ~ **03** 双臂同时弯举。回到初始位置，重复规定次数。

03

双臂弯举 ↑

01 将训练椅调节为上斜30~45度，仰卧在训练椅上，双手握哑铃自然下垂在身体两侧，掌心相对。

哑铃 - 上斜 - 仰卧 - 双臂正向弯举

目标肌群	肱二头肌
指导要点	动作全程保持肩关节角度不变

动作步骤 ▶

02

01

02 ~ **03** 双臂同时弯举。回到初始位置，重复规定次数。

03

双臂弯举 ↑

01 将训练椅调节为上斜30~45度，仰卧在训练椅上，双手握哑铃自然下垂在身体两侧，掌心向后。

哑铃－上斜－俯卧－双臂基本弯举 ▬

目标肌群	肱二头肌
指导要点	动作全程保持肩关节角度不变

动作步骤 ▶

01

02

02~03 双臂同时弯举。回到初始位置，重复规定次数。

03

双臂弯举

01 将训练椅调节为上斜30~45度，俯卧在训练椅上，双手握哑铃自然下垂在身体两侧，掌心向前。

哑铃－上斜－俯卧－双臂锤式弯举 ▬

目标肌群	肱二头肌
指导要点	动作全程保持肩关节角度不变

动作步骤 ▶

01

02

02~03 双臂同时弯举。回到初始位置，重复规定次数。

01 将训练椅调节为上斜30~45度，俯卧在训练椅上，双手握哑铃自然下垂在身体两侧，掌心相对。

03

双臂弯举

哑铃 – 上斜 – 俯卧 – 双臂正向弯举

目标肌群	肱二头肌
指导要点	动作全程保持肩关节角度不变

动作步骤 ▶

02

02 ~ 03 双臂同时弯举。回到初始位置，重复规定次数。

01

03

双臂弯举

01 将训练椅调节为上斜30~45度，俯卧在训练椅上，双手握哑铃自然下垂在身体两侧，掌心向后。

哑铃 – 站姿 – 双臂借力弯举

目标肌群	肱二头肌
指导要点	借助惯性进行连贯动作

动作步骤 ▶

01

01 基本站姿，双手握哑铃自然下垂，掌心相对。

02

屈膝

03

顶髋弯举

02 ~ 03 微屈膝，然后迅速顶髋，同时借力进行锤式弯举。回到初始位置，重复规定次数。

手臂训练

哑铃－站姿－单臂颈后屈臂伸

目标肌群	肱三头肌
指导要点	动作稳定，核心收紧

动作步骤 ▶

01

01 基本站姿，单手握哑铃举于头顶。

单臂屈伸

02

03

02~03 弯曲肘关节，做单臂屈臂伸练习。回到初始位置，重复规定次数。

哑铃－站姿－双臂单铃颈后屈臂伸

目标肌群	肱三头肌
指导要点	动作稳定，核心收紧

动作步骤 ▶

01

02

03

双臂屈伸

01 基本站姿，双手托一只哑铃于头上，手臂伸直。

02~03 弯曲肘关节，做双臂屈臂伸练习。回到初始位置，重复规定次数。

哑铃－俯卧－双臂屈臂伸

目标肌群	肱三头肌
指导要点	动作稳定，核心收紧

动作步骤

01

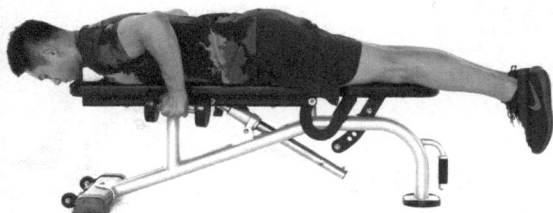

01 俯卧在训练椅上，双手握哑铃放于身体两侧，肘关节弯曲。

02

双臂伸直

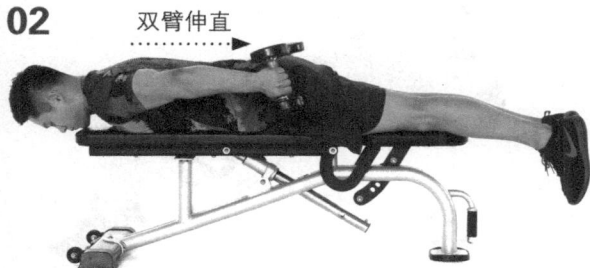

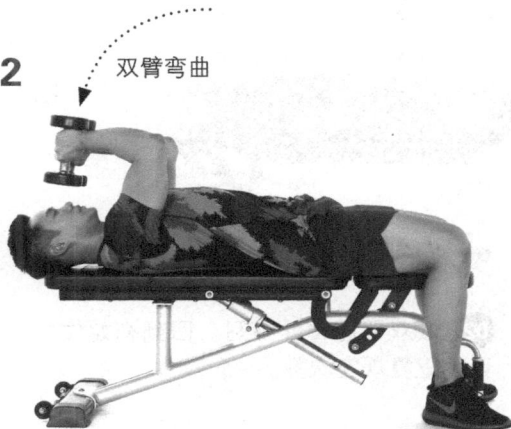

02 双臂同时伸直，做屈臂伸练习。回到初始位置，重复规定次数。

哑铃－仰卧－双臂屈臂伸

目标肌群	肱三头肌
指导要点	动作稳定，核心收紧

动作步骤

01

01 仰卧在训练椅上，双手握哑铃于胸前，肘关节伸直。

02 双臂同时做屈臂伸练习。回到初始位置，重复规定次数。

02

双臂弯曲

手臂训练

哑铃 – 仰卧 – 单臂屈臂伸

目标肌群	肱三头肌
指导要点	动作稳定，核心收紧，固定肘关节

动作步骤

01

01 仰卧在训练椅上，单手握哑铃于胸前，肘关节伸直并由对侧手固定其位置。

单臂弯曲

02

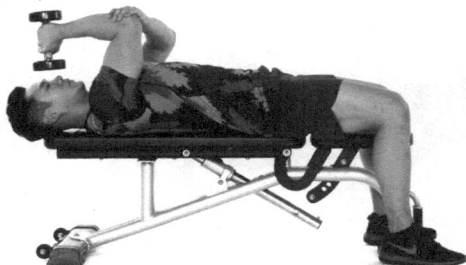

02 单臂做屈臂伸练习。回到初始位置，重复规定次数。

哑铃 – 仰卧 – 双臂单铃屈臂伸

目标肌群	肱三头肌
指导要点	动作稳定，核心收紧，固定肘关节

动作步骤

01

01 仰卧在训练椅上，双脚支撑地面，双臂托一只哑铃，举在胸前，肘关节伸直。

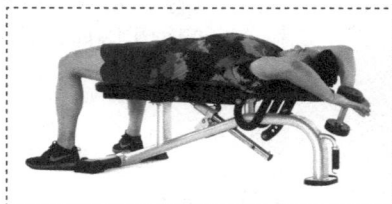

02

双臂头后弯曲

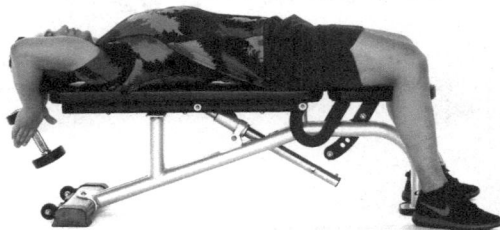

02 做双臂屈臂伸练习。回到初始位置，重复规定次数。

哑铃 - 上斜 - 仰卧 - 双臂屈臂伸

目标肌群	肱三头肌
指导要点	动作稳定，核心收紧

动作步骤

01

01 将训练椅调节为上斜30~45度，仰卧在训练椅上，双手握哑铃，掌心相对，双臂伸直，与地面垂直。

▶▶ **02** 双臂弯曲

02 双臂同时做屈臂伸练习。回到初始位置，重复规定次数。

哑铃 - 上斜 - 仰卧 - 单臂屈臂伸

目标肌群	肱三头肌
指导要点	保持哑铃侧手臂肘关节位置不变

动作步骤

01

01 将训练椅调节为上斜30~45度，仰卧在训练椅上，单手握哑铃，手臂伸直，与地面垂直，对侧手辅助在哑铃侧肘关节位置处。

▶▶ **02** 单臂弯曲

02 单臂做屈臂伸练习。回到初始位置，重复规定次数。

哑铃 – 侧倾 – 单臂颈后屈臂伸

目标肌群	肱三头肌
指导要点	动作稳定，核心收紧

动作步骤 ▶

01

02

颈后屈伸

02 单臂做屈臂伸练习。回到初始位置，重复规定次数。

01 坐在训练椅上，一侧肘部支撑，身体侧倾，另一侧手握哑铃垂直上举。

哑铃 – 瑞士球 – 坐姿 – 双臂颈后屈臂伸

目标肌群	肱三头肌
指导要点	保持肘关节位置不动

动作步骤 ▶

01

01 坐在瑞士球上，双手托一只哑铃举于头顶。

02

双臂屈伸

02 弯曲肘关节，在脑后做屈臂伸。回到初始位置，重复规定次数。

哑铃 – 训练椅 – 半跪 – 单臂屈臂伸

目标肌群	肱三头肌
指导要点	动作稳定，核心收紧

动作步骤 ▶

01

01 同侧膝、手支撑训练椅，对侧手握哑铃于身体一侧，躯干、上臂与地面平行，前臂垂直于地面。

02 ······▶ 单臂伸直

02 进行单臂屈臂伸练习。回到初始位置，重复规定次数。

哑铃 – 坐姿 – 双侧屈腕练习

目标肌群	腕屈肌群
指导要点	动作稳定

动作步骤 ▶

01

01 坐在训练椅上，双手握哑铃，前臂放在膝盖上，手腕悬空，掌心向上。

02

屈腕

02 双侧同时屈腕。回到初始位置，重复规定次数。

手臂训练

哑铃－坐姿－双侧伸腕练习

目标肌群	腕屈肌群
指导要点	动作稳定

动作步骤 ▶

01

01 坐在训练椅上，双手握哑铃，前臂放在膝盖上，手腕悬空，掌心向下。

02

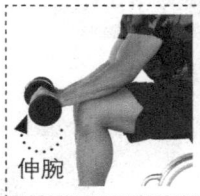
伸腕

02 双侧同时伸腕。回到初始位置，重复规定次数。

哑铃－深蹲－双臂弯举－双臂上举

目标肌群	下肢肌群、肱二头肌、肩关节周围肌群
指导要点	躯干稳定，核心收紧，动作连贯

动作步骤 ▶

01 基本站姿，握哑铃双臂自然下垂于身前，掌心相对。

02～04 依次进行深蹲、双臂锤式弯举、双臂上举。回到初始位置，重复规定次数。

01

02

深蹲

03

双臂锤式弯举

04

双臂上举

哑铃 - 站姿 - 弯举 - 上举 - 双臂颈后屈臂伸

目标肌群	肱二头肌、肱三头肌、肩关节周围肌群
指导要点	动作稳定，核心收紧

动作步骤

01 基本站姿，双手握哑铃于身体两侧。

02~04 依次进行双臂弯举、过顶上举和屈臂伸练习。回到初始位置，重复规定次数。

01

02

双臂弯举

03

过顶上举

04

双臂屈伸

哑铃 - 仰卧 - 屈臂伸 - 双臂上拉

目标肌群	肱三头肌、胸大肌
指导要点	动作稳定，核心收紧

动作步骤

01

02
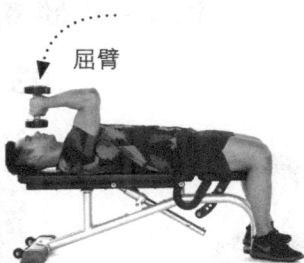
屈臂

03

伸直

04
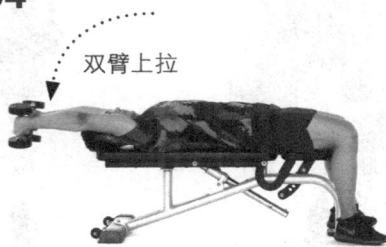
双臂上拉

01 仰卧在训练椅上，双脚支撑地面，握哑铃双臂举在胸前，肘关节伸直。

02~04 双臂同时依次进行屈臂、伸直和上拉练习。回到初始位置，重复规定次数。

哑铃 – 俯身 – 双臂屈臂伸

目标肌群	肱三头肌
指导要点	动作稳定，核心收紧

动作步骤 ▶

01

01 向前俯身，身体平行于地面，微屈膝。双手握哑铃，肘关节贴紧身体。

02

03

手臂伸直

02~03 双臂同时屈臂伸。回到初始位置，重复规定次数。

哑铃 – 前弓步 – 双臂弯举

目标肌群	下肢、肱二头肌
指导要点	动作稳定，核心收紧

动作步骤 ▶

01 基本站姿，握哑铃双臂自然下垂于身前，掌心相对。

02~04 向前弓步然后回到原位，进行一次锤式弯举。回到初始位置，重复规定次数。

01

02

前腿弓步

03

04

双臂弯举

第**3**章

肩部训练

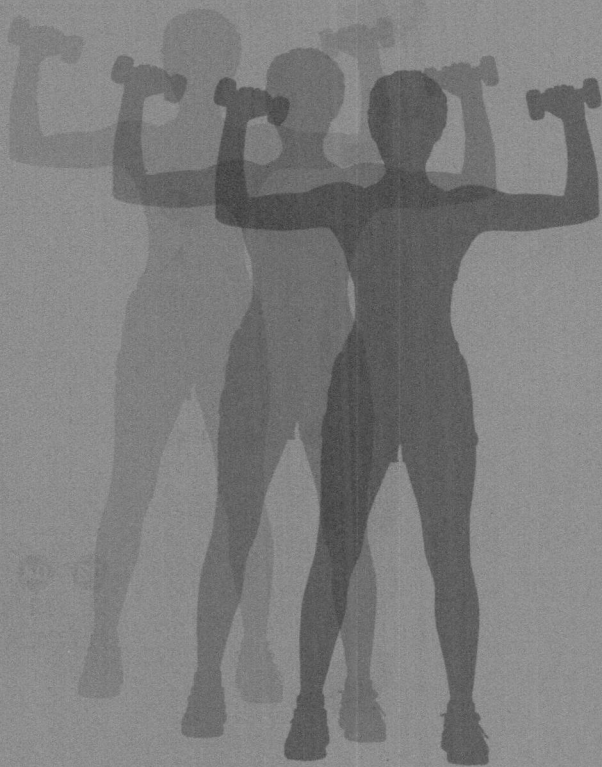

哑铃 - 站姿 - 双臂交替前平举 ▬

目标肌群	肩关节周围肌群
指导要点	动作稳定，核心收紧

动作步骤 ▶

01

02

单臂前平举

03

04

单臂前平举

01 基本站姿，双手握哑铃自然下垂于身前，掌心向后。

02~**04** 双臂交替做前平举。回到初始位置，重复规定次数。

哑铃－站姿－三级侧平举

目标肌群	肩关节周围肌群
指导要点	动作稳定，核心收紧

动作步骤

01

01 双手握哑铃自然下垂，基本站姿。

02

双臂侧平举

03

肩关节内收

02～05 依次进行侧平举、肩关节内收、俯身侧平举三个练习。回到初始位置，重复规定次数。

04

俯身

05

双臂侧平举

哑铃－单腿站－双臂侧平举 ▂

目标肌群	肩关节周围肌肉、下肢稳定肌群
指导要点	动作稳定，核心收紧，维持躯干平衡

动作步骤 ▶

01

01 单腿站，双手握哑铃自然下垂于身体两侧。

02

双臂侧平举

▸▸

02 双臂同时侧平举。回到初始位置，重复规定次数。

哑铃－侧悬－单臂侧平举 ▂

目标肌群	肩关节周围肌群
指导要点	动作稳定，核心收紧

动作步骤 ▶

01

01 单臂拉住稳定物体，身体向对侧倾斜。单手握住哑铃，自然下垂在身体一侧。

02 单臂侧平举至上肢平行于地面。回到初始位置，重复规定次数。

02

单臂侧平举

▸▸

哑铃 – 上斜 – 俯卧 – 双臂侧平举 __

目标肌群	肩关节周围肌群
指导要点	动作稳定，核心收紧

动作步骤 ▶

01 将训练椅调节为上斜30~45度，胸部腹部贴近训练椅靠背，双手握哑铃自然下垂，掌心相对。

01

02

02 双臂同时侧平举，至上肢与地面平行。回到初始位置，重复规定次数。

双臂侧平举

哑铃 – 上斜 – 仰卧 – 双臂前平举 __

目标肌群	肩关节周围肌群
指导要点	动作稳定，核心收紧

动作步骤 ▶

01

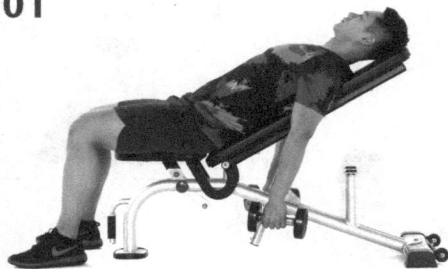

01 训练椅上斜30~45度，仰卧在上斜训练椅上，双手握哑铃垂在身体两侧。

02 双臂同时前平举至上肢与地面平行。回到初始位置，重复规定次数。

02

双臂前平举

哑铃 – 上斜 – 俯卧 – 双臂前平举

目标肌群	肩关节周围肌群
指导要点	动作稳定，核心收紧

动作步骤

01 训练椅上斜30~45度，俯卧在上斜训练椅上，双手握哑铃垂在身体两侧。

02 双臂同时前平举至上肢与地面平行。回到初始位置，重复规定次数。

01

02

双臂前平举

哑铃 – 瑞士球 – 坐姿 – 双臂侧平举

目标肌群	肩关节周围肌群
指导要点	躯干保持正直

动作步骤

01

01 坐在瑞士球上，双手握哑铃，放于身体两侧。

双臂侧平举

02

02 双臂同时侧平举。回到初始位置，重复规定次数。

哑铃 - 瑞士球 - 侧倾 - 单臂侧平举 __

目标肌群	肩关节周围肌群
指导要点	动作稳定，核心收紧

动作步骤

01

01 身体侧倾在瑞士球上，靠于墙壁，单手握住哑铃自然下垂。

02 单臂做侧平举练习。回到初始位置，重复规定次数，对侧亦然。

02

单臂侧平举

肩部训练

哑铃 - 站姿 - 俯身平举 __

目标肌群	肩关节周围肌群
指导要点	注意肩胛骨的移动

动作步骤

01

01 基本站姿，双脚分开略宽于肩，双手握哑铃放在踝关节前，微屈膝，向前形成俯身姿势。

02

双臂侧平举

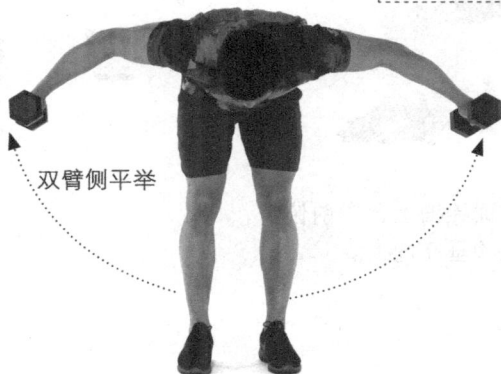

02 保持俯身姿势，双臂侧平举。回到初始位置，重复规定次数。

哑铃 – 俯卧 – 双臂平举

目标肌群	肩关节周围肌群
指导要点	训练椅垫高，确保初始位置时手臂伸直，注意肩胛骨的移动

动作步骤

01

01 俯卧在训练椅上，双手握哑铃，手臂伸直自然下垂。

双臂侧平举

02

02 双臂同时侧平举，至手臂与地面平行。回到初始位置，重复规定次数。

哑铃 – 坐姿 – 俯身 – 双臂平举

目标肌群	上背部
指导要点	动作缓慢，核心收紧，注意肩胛骨的移动

动作步骤

01

01 坐在训练椅上，向前俯身，双手握哑铃垂在地上。

02

02 双臂同时侧平举。回到初始位置，重复规定次数。

双臂侧平举

哑铃－站姿－双臂肩上推举

目标肌群	肩关节周围肌群
指导要点	动作稳定，核心收紧，胸腔打开

动作步骤

01

▶▶

02

双臂推举

> **01** 基本站姿，双手握哑铃放于肩关节上方，掌心向前。

> **02** 双臂同时过顶上举。回到初始位置，重复规定次数。

哑铃－站姿－双臂锤式推举

目标肌群	肩关节周围肌群
指导要点	动作稳定，核心收紧

动作步骤

01

▶▶

02

双臂推举

> **01** 基本站姿，双手握哑铃放于肩关节上方，掌心相对。

> **02** 双臂同时过顶上举。回到初始位置，重复规定次数。

肩部训练

哑铃－站姿－双臂强力推举 ▬

目标肌群	肩关节周围肌群
指导要点	力量自下而上传导至肩部

动作步骤 ▶

01 基本站姿，双手握哑铃放于肩关节上方，掌心相对。

01

02

屈膝 ↓

03

双臂推举 ↑

02~03 微屈膝，双脚蹬地，双臂借力向上过顶推举。回到初始位置，重复规定次数。

哑铃－站姿－单臂强力推举 ▬

目标肌群	肩关节周围肌群
指导要点	力量自下而上传导至肩部

动作步骤 ▶

01 基本站姿，单手握哑铃放于肩关节上方。

01

02

屈膝 ↓

03

单臂推举 ↑

02~03 微屈膝，双脚蹬地，上肢借力向上过顶推举。回到初始位置，重复规定次数。

哑铃 – 坐姿 – 双臂肩上推举

目标肌群	肩关节周围肌群
指导要点	动作稳定，核心收紧，胸腔打开

动作步骤 ▶

01

02

双臂推举 ↑

01 坐在训练椅上，双手握哑铃置于肩关节上方，掌心向前。

02 双臂同时过顶上举，肘关节伸直。回到初始位置，重复规定次数。

哑铃 – 坐姿 – 双臂锤式推举

目标肌群	肩关节周围肌群
指导要点	保持颈椎中立位

动作步骤 ▶

01

01 坐在训练椅上，双手握哑铃置于肩关节上方，掌心相对。

02

双臂推举 ↑

02 双臂同时过顶上举，肘关节伸直。回到初始位置，重复规定次数。

哑铃－站姿－双侧耸肩

目标肌群	斜方肌
指导要点	保持颈椎中立位

动作步骤

01

02

双侧耸肩

01 基本站姿，双手握哑铃，自然垂于身体两侧。

02 双肩同时上耸，回到初始位置，重复规定次数。

哑铃－瑜伽垫－仰卧上拉

目标肌群	肩关节周围肌群
指导要点	避免腰部悬空

动作步骤

01

02

双臂伸直

01 仰卧在瑜伽垫上，屈膝屈髋，双脚放在瑜伽垫上。双手托一只哑铃置于胸前，双臂伸直。

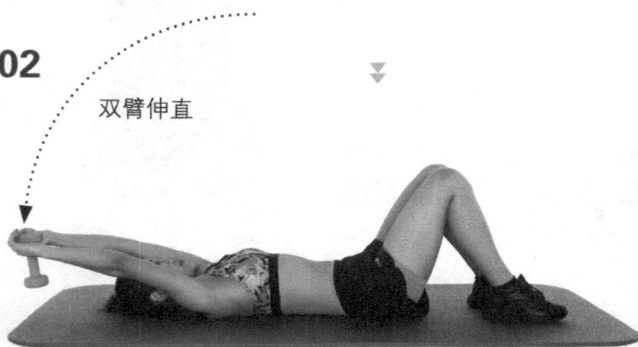

02 保持手臂伸直，哑铃向头顶方向移动，直至双臂与地面接近平行。回到初始位置，重复规定次数。

哑铃 – 瑞士球 – 仰卧 – 臀桥 – 直臂上拉

目标肌群	肩关节周围肌群
指导要点	保持髋关节位置，躯干与大腿呈一条直线

动作步骤 ▶

直臂上拉

01

02

01 仰卧于瑞士球上，双脚放在瑜伽垫上，顶髋，保持躯干与大腿呈一条直线，双手托一只哑铃放于胸前，手臂伸直。

02 保持手臂伸直，哑铃向头顶方向移动，直至双臂与地面接近平行。回到初始位置，重复规定次数。

肩部训练

哑铃 – 站姿 – 肩关节外旋

目标肌群	肩外旋肌群
指导要点	上臂始终平行于地面

动作步骤 ▶

01

02

肩外旋

01 基本站姿，双手握哑铃，上臂与地面平行，前臂下垂掌心向后。

02 外旋肩关节，使哑铃向上。回到初始位置，重复规定次数。

哑铃 - 侧卧 - 单侧肩外旋

目标肌群	肩关节周围肌群
指导要点	动作稳定，核心收紧

动作步骤 ▶

01 侧卧于瑜伽垫上，双腿并拢，膝盖微屈，左肘支撑，肩关节在肘关节正上方，右手握哑铃，右肘顶在髋关节处以固定位置。

01

02

肩外旋

02 保持右肘位置不变，肩关节向外侧旋转，达到活动度终点。回到初始位置，重复规定次数。

哑铃 - 上斜 - 俯卧 - 双臂肩外旋

目标肌群	肩关节周围肌群
指导要点	上臂始终平行于地面

动作步骤 ▶

01

01 将训练椅调节为上斜30~45度，俯卧在训练椅上，双手握哑铃，上臂平行于地面，前臂自然下垂。

02

肩外旋

02 肩关节外旋至活动度终点。回到初始位置，重复规定次数。

哑铃 – 站姿 – 单臂高拉

目标肌群	肩背部肌群
指导要点	动作连贯，运用惯性完成动作

动作步骤 ▶

01

02

单臂拉起

01 单手握哑铃自然下垂，双脚与肩同宽，微屈膝屈髋降低重心，哑铃位于膝盖处。

02 蹬地挺髋提高重心，同时持铃侧手臂上提，进行高拉。回到初始位置，重复规定次数。

肩部训练

哑铃 – 站姿 – 双臂提拉

目标肌群	斜方肌
指导要点	保持颈椎中立位

动作步骤 ▶

01 基本站姿，双手握哑铃，自然垂于身体前，掌心向后。

01

02

03

双臂提拉

02~03 双臂同时向上提拉。回到初始位置，重复规定次数。

哑铃－坐姿－俯身－双臂复合划举 ▬

目标肌群 肱三头肌、背部肌群
指导要点 动作稳定，核心收紧

动作步骤 ▶

01 坐在训练椅上，向前俯身，双手握哑铃垂在地上。

02~**06** 双臂同时依次进行反向飞鸟、后拉和屈臂伸练习。回到初始位置，重复规定次数。

01

02

03

04

05

手臂伸直

06

哑铃 – 瑞士球 – 俯卧 – 复合划举

目标肌群	核心肌群、肩关节周围肌群
指导要点	核心收紧，保持躯干平衡

动作步骤

01 俯卧在瑞士球上，双脚支撑地面。双手握哑铃，放在胸前的地面上，掌心相对。

02~04 依次进行双臂后拉、双臂侧平举和双臂前平举练习。回到初始位置，重复规定次数。

01

03 双臂侧平举

02 双臂后拉

04 双臂前平举

肩部训练

哑铃 – 瑞士球 – 俯身 – 双臂平举

目标肌群	核心肌群 肩关节周围肌群
指导要点	核心肌群收紧，保持躯干稳定

动作步骤

01 俯卧于瑞士球上，双手握哑铃放在瑞士球两侧，双脚支撑。

01

双臂侧平举

02

02 双臂同时侧平举，至上肢与地面平行。回到初始位置，重复规定次数。

哑铃－瑞士球－双臂前平举

目标肌群	核心肌群、肩关节周围肌群
指导要点	保持躯干稳定，动作缓慢稳定

动作步骤 ▶

01 坐在瑞士球上，双手各握一只哑铃，自然下垂放在体侧。

01

02

双臂前平举

02 双臂同时前平举，掌心相对，前臂与地面平行。回到初始位置，重复规定次数。

哑铃－弓步－侧平举

目标肌群	股四头肌、肩关节周围肌肉
指导要点	核心收紧，保持躯干平衡

动作步骤 ▶

02 向前弓步同时侧平举，然后回到初始位置并换对侧腿弓步侧平举。重复规定次数。

01

02

弓步侧平举

01 双手握哑铃自然下垂于身体两侧。

44

哑铃 - 仰卧 - 双臂上拉屈臂伸 ▃

目标肌群	股三头肌、肩关节周围肌肉
指导要点	动作稳定，核心收紧

动作步骤 ▶

01 仰卧在训练椅上，双脚支撑地面，双手握哑铃。

01

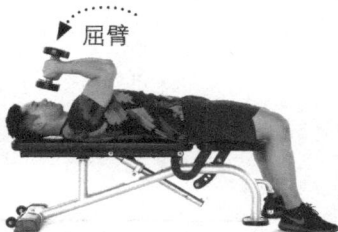
04 屈臂

03

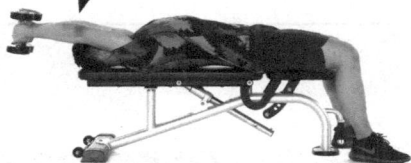
02 双臂上拉

02～04 双臂上拉至头顶，然后回到原位，接双臂屈臂伸。回到初始位置，重复规定次数。

哑铃 - 俯身 - 后拉 - 双臂屈臂伸 ▃

目标肌群	背部肌群、肱三头肌
指导要点	动作稳定，核心收紧

动作步骤 ▶

01 向前俯身，身体平行于地面，微屈膝，双手握哑铃，自然下垂。

03 手臂伸直

01

02 上拉

04

02～04 双臂同时后拉至身体两侧，然后进行屈臂伸。回到初始位置，重复规定次数。

45

第4章

胸背训练

哑铃 - 仰卧 - 双臂飞鸟

目标肌群	胸大肌
指导要点	动作稳定，核心收紧

动作步骤 ▶

01 仰卧在训练椅上，双手握哑铃，双臂伸直垂直于地面，双脚平放在地面上。

01

02

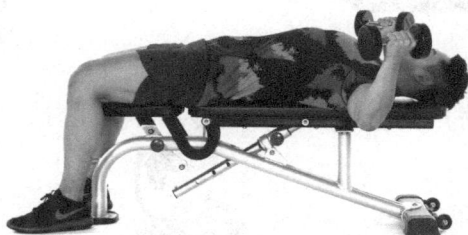

双臂打开

02 双臂同时打开做飞鸟练习。回到初始位置，重复规定次数。

哑铃 - 瑞士球 - 仰卧 - 臀桥 - 双臂飞鸟

目标肌群	核心肌群、胸大肌
指导要点	保持髋关节位置，躯干与大腿呈一条直线

动作步骤 ▶

01 仰卧于瑞士球上，双脚放在地上，顶髋，保持躯干与大腿呈一条直线。双手各握一只哑铃举于胸前，双臂伸直。

01

02

双臂打开

02 肘关节稍弯曲，双臂侧向打开做飞鸟动作。回到初始位置，重复规定次数。

哑铃 - 瑞士球 - 上斜 - 双臂飞鸟

目标肌群	核心肌群、胸大肌
指导要点	保持躯干稳定

动作步骤 ▶

01

02 肘关节稍弯曲，双臂侧向打开做飞鸟动作。回到初始位置，重复规定次数。

02

01 斜靠于瑞士球上，双脚放在地上，髋关节下落但不触地，使身体与地面成一定的角度（约45度），双手各握一只哑铃置于胸前，双臂垂直于地面。

哑铃 - 瑞士球 - 下斜双臂飞鸟

目标肌群	核心肌群、胸大肌
指导要点	保持躯干稳定

动作步骤 ▶

01

01 髋关节放在瑞士球上，肩关节撑地，仰卧位，双手握哑铃，双臂垂直于地面。

02 双臂同时打开做飞鸟练习。回到初始位置，重复规定次数。

02

双臂打开

哑铃 – 仰卧 – 双臂胸前推举 __

目标肌群	胸大肌、肩关节周围肌群
指导要点	动作稳定，核心收紧

动作步骤 ▶

01

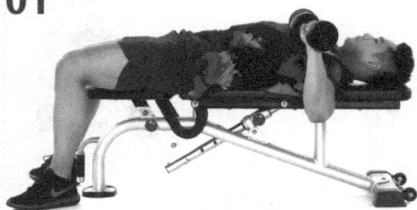

02 双臂同时上举。回到初始位置，重复规定次数。

02

双臂上举

01 仰卧在训练椅上，双脚平放于地面，双手握哑铃放在肩关节前。

哑铃 – 瑞士球 – 仰卧 – 臀桥 – 推举 __

目标肌群	核心肌群、胸大肌
指导要点	保持髋关节位置，躯干与大腿呈一条直线

动作步骤 ▶

01 仰卧于瑞士球上，双脚放在地上，顶髋，保持躯干与大腿呈一条直线。双手各握一只哑铃置于肩关节前。

01

02

双臂上推

02 保持髋关节位置，双臂同时向上推哑铃。回到初始位置，重复规定次数。

哑铃 - 上斜 - 双臂胸前推举___

目标肌群	胸大肌、肩关节周围肌群
指导要点	动作稳定，核心收紧

动作步骤 ▶

01 将训练椅调节为上斜30~45度，坐在训练椅上，身体仰卧。双手握哑铃，置于肩关节前。

01

02

双臂上举

02 双臂同时上举。回到初始位置，重复规定次数。

哑铃 - 瑞士球 - 上斜 - 双臂推举

目标肌群	核心肌群、胸大肌
指导要点	保持躯干稳定

动作步骤 ▶

01 斜靠于瑞士球上，双脚放在地上，髋关节下落但不触地，使身体与地面成一定的角度（约45度），双手各握一只哑铃置于肩关节前。

01

02

双臂上推

02 保持髋关节位置，双臂同时向上推哑铃。回到初始位置，重复规定次数。

哑铃 - 瑞士球 - 下斜双臂胸前推举

目标肌群	胸大肌、肩关节周围肌群
指导要点	双臂推举至与地面垂直

动作步骤 ▶

01

02

双臂上举

> **01** 髋关节放在瑞士球上，肩关节撑地，仰卧位，双手握哑铃，弯曲肘关节，双手放在肩关节前。

> **02** 双臂同时上举。回到初始位置，重复规定次数。

哑铃 - 俯身后拉 - 伸髋

目标肌群	背阔肌、斜方肌、伸髋肌群
指导要点	注意肩胛骨的移动，肘关节贴紧身体

动作步骤 ▶

02

03

01

04

05

双臂后拉

身体直立

> **01** 基本站姿，向前俯身，膝关节微屈。双手握哑铃自然下垂放于身体两侧，手心相对。

> **02**~**05** 双臂同时后拉哑铃至躯干两侧，核心收紧，向上挺髋，然后放下哑铃。回到初始位置，重复规定次数。

胸背训练

51

哑铃－站姿－双臂－俯身后拉

目标肌群	背阔肌、斜方肌
指导要点	注意肩胛骨的移动，肘关节贴紧身体

动作步骤 ▶

01

▶▶

02

双臂后拉 ↑

01 基本站姿，向前俯身，膝盖微屈。双手握哑铃自然下垂放于身体两侧，手心相对。

02 双臂同时后拉哑铃至躯干两侧。回到初始位置，重复规定次数。

哑铃－俯身－双臂后拉

目标肌群	背阔肌、斜方肌
指导要点	保持躯干稳定

动作步骤 ▶

01

▶▶

02

◄◄

03

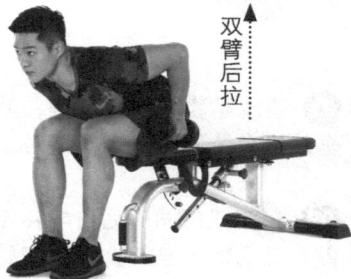

双臂后拉 ↑

01 坐在训练椅上，向前屈身，双手握哑铃放在双脚两侧。

02~**03** 肘关节贴紧身体，双臂同时后拉，至躯干两侧。回到初始位置，重复规定次数。

哑铃 - 俯身 - 双臂宽距后拉

目标肌群	背阔肌、斜方肌
指导要点	保持躯干稳定

动作步骤

01

01 坐在训练椅上，向前屈身，双手握哑铃放在双脚两侧。

02

03

双臂后拉

02~03 肘关节打开，双臂同时后拉，屈肘至大小臂呈90度。回到初始位置，重复规定次数。

胸背训练

哑铃 - 训练椅 - 半跪 - 单臂后拉

目标肌群	背阔肌、斜方肌
指导要点	保持躯干稳定，肘关节紧贴身体

动作步骤

01

02

02~03 单臂后拉至躯干一侧。回到初始位置，重复规定次数。

03

单臂后拉

01 同侧手、膝撑在训练椅上，另一只脚撑地面，单手握哑铃自然下垂。

哑铃－上斜－俯身－双臂后拉

目标肌群	背阔肌、斜方肌
指导要点	肘关节紧贴身体，起始姿势哑铃悬空

动作步骤 ▶

01

02

双臂后拉 →

01 将训练椅调节为上斜30~45度，胸部腹部贴紧训练椅靠背，双手握哑铃自然下垂，掌心相对。

02 肘关节贴近身体，双臂同时后拉哑铃至躯干两侧。回到初始位置，重复规定次数。

哑铃－仰卧－推举－飞鸟

目标肌群	胸大肌　肩关节周围肌群
指导要点	动作稳定，核心收紧

动作步骤 ▶

01

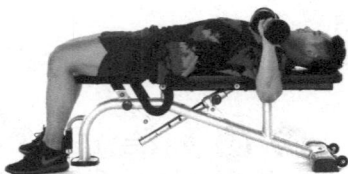

01 仰卧在训练椅上，双脚平放于地面。双手握哑铃放在肩关节前。

03

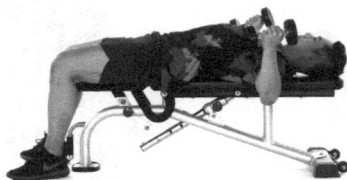

02

双臂推举 →

02~04 双臂同时推举，然后完成一次飞鸟。回到初始位置，重复规定次数。

04

第5章

腹部训练

哑铃 – 仰卧 – 基本卷腹

指导要点　保持躯干稳定

动作步骤

01

哑铃放胸前

01 仰卧在瑜伽垫上，双手握一只哑铃放在胸前，双腿弯曲，双脚放在瑜伽垫上。

02

卷腹

02 向上卷腹，使肩胛骨抬离地面。回到初始位置，重复规定次数。

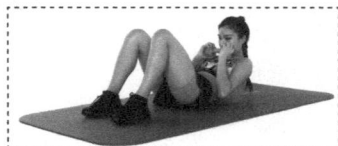

哑铃 – 仰卧 – 头上卷腹

目标肌群　腹直肌

指导要点　保持躯干稳定

动作步骤

01

哑铃放头上

01 仰卧在瑜伽垫上，双手握一只哑铃放在头部，双腿弯曲，双脚放在瑜伽垫上。

02

卷腹

02 向上卷腹，使肩胛骨抬离地面。回到初始位置，重复规定次数。

哑铃－仰卧－过顶卷腹

目标肌群 腹直肌

指导要点 保持双臂与躯干位置稳定

动作步骤 ▶

01

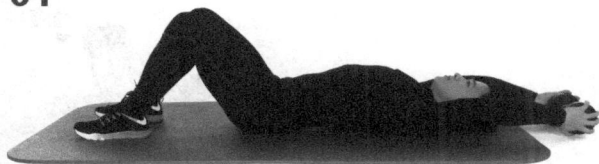

01 仰卧在瑜伽垫上，双手握一只哑铃，双臂伸直举过头顶，双腿弯曲，双脚放在瑜伽垫上。

02

卷腹

02 向上卷腹，使肩胛骨抬离地面。回到初始位置，重复规定次数。

哑铃－仰卧－反向卷腹

目标肌群 腹直肌、屈髋肌群

指导要点 肩胛骨压住地面

动作步骤 ▶

01

01 仰卧在瑜伽垫上，膝关节中间夹一只哑铃，双臂打开放在地面，双腿弯曲，双脚放在地面。

02

双腿抬起

02 屈髋，使大腿与地面垂直。回到初始位置，重复规定次数。

哑铃－仰卧－循环卷腹 ___

目标肌群	腹直肌、屈髋肌群
指导要点	保持躯干稳定

动作步骤

01 仰卧在瑜伽垫上，双手握一只哑铃放在胸前，双腿弯曲，双脚放在瑜伽垫上。

01

02

卷腹

03

04 前后迈步

02~04 向上卷腹，使肩胛骨抬离地面，然后左右两侧交替迈步各一次。回到初始位置，重复规定次数。

哑铃－仰卧－双重卷腹 ___

目标肌群	腹直肌、屈髋肌群
指导要点	保持躯干稳定

动作步骤

01

01 仰卧在瑜伽垫上，膝关节中间夹一只哑铃，双手握一只哑铃放在胸前，双腿弯曲，双脚放在瑜伽垫上。

02 向上卷腹，使肩胛骨抬离地面，同时屈髋，使大腿与地面垂直。回到初始位置，重复规定次数。

02

卷腹屈髋

哑铃－仰卧－直腿卷腹

目标肌群	腹直肌、屈髋肌群
指导要点	保持下肢垂直于地面

动作步骤 ▶

01

① 仰卧位，双手抱哑铃在胸前，双腿向上伸直。

02

▶▶

卷腹

② 向上卷腹。回到初始位置，重复规定次数。

哑铃－仰卧－卷腹－推举

目标肌群	腹直肌、肱三头肌、胸大肌
指导要点	保持躯干稳定

动作步骤 ▶

01

① 仰卧在瑜伽垫上，双手握哑铃放在胸前，双腿弯曲，双脚平放在瑜伽垫上。

02

▼

卷腹

03

▶▶

双臂上举

②~③ 向上卷腹，然后回到原位，并进行双臂上举练习。回到初始位置，重复规定次数。

腹部训练

59

哑铃 – 仰卧 – 屈髋卷腹 __

目标肌群	腹直肌
指导要点	固定下肢位置

动作步骤

01

01 仰卧在瑜伽垫上，双手握一只哑铃，双臂伸直放在身体上方，下肢抬起垂直于地面。

02 向上卷腹，哑铃向脚尖方向移动。回到初始位置，重复规定次数。

02

向上卷腹

哑铃 – 仰卧 – 屈髋过顶卷腹 __

目标肌群	腹直肌
指导要点	固定下肢位置

动作步骤

01

01 仰卧在瑜伽垫上，双手握一只哑铃，双臂伸直放在头上，下肢抬起垂直于地面。

02 向上卷腹，哑铃向脚尖方向移动。回到初始位置，重复规定次数。

02

卷腹

哑铃－仰卧－屈髋卷腹－旋转

目标肌群	腹直肌、腹斜肌
指导要点	躯干旋转

动作步骤 ▶

01

01 仰卧在瑜伽垫上，单手握哑铃，手臂上举垂直于地面，另一只手撑地，下肢抬起垂直于地面。

02 向上旋转卷腹，哑铃向对侧脚尖方向移动。回到初始位置，重复规定次数。

02

伸臂

哑铃－仰卧－螺旋举腿

目标肌群	腹直肌、腹斜肌
指导要点	转向一侧后回到中立位，提臀再转向另一侧

动作步骤 ▶

01 仰卧，双腿抬起垂直于地面。哑铃夹在双脚中间，双臂放在身体两侧撑地。

01

02

向右转身

03

04

向左转身

02~04 核心发力，臀部抬离地面，并两侧交替旋转。回到初始位置，重复规定次数。

哑铃 - 仰卧 - 剪式抬腿卷腹

目标肌群	腹直肌、屈髋肌群
指导要点	核心收紧，保持躯干稳定

动作步骤

01

02

抬腿 / 抬头

03

上抬

04

上抬

01 仰卧在瑜伽垫上，双手握哑铃放在胸前。

02~04 向上卷腹，使肩胛骨抬离地面，然后双脚交替上抬。回到初始位置，重复规定次数。

哑铃 - 仰卧 - 举腿

目标肌群	腹直肌
指导要点	腰部不能离开瑜伽垫

动作步骤

01

01 仰卧在瑜伽垫上，双脚间夹一只哑铃放于瑜伽垫上，双手放在身体两侧支撑身体。

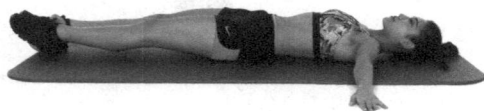

02

双腿抬起

02 保持膝关节伸直，向上抬腿至瑜伽垫与腿呈45度的位置。回到初始位置，重复规定次数。

哑铃 – 仰卧 – 单腿 V 字 静力 ◾

目标肌群	腹直肌、屈髋肌群
指导要点	核心收紧，保持躯干稳定

动作步骤 ▶

01

02

抬腿 ↗

抬头 ↘

01 仰卧在瑜伽垫上，双手握哑铃放于胸前，单侧下肢屈髋屈膝支撑身体，另一侧下肢膝关节伸直，平放在地面上。

02 向上卷腹的同时，抬起平放在地上的腿，保持伸直，与上身构成V字形，静力保持规定时间。回到初始位置，重复规定次数。

哑铃 – 仰卧 – 双腿 V 字 静力 ◾

目标肌群	腹直肌、屈髋肌群
指导要点	避免腰部悬空

动作步骤 ▶

01

02

抬腿 ↗

抬头 ↘

01 仰卧在瑜伽垫上，双手握哑铃放于胸前，下肢伸直平放在瑜伽垫上。

02 向上卷腹，抬起双腿，身体呈V字形，静力保持规定时间。回到初始位置，重复规定次数。

腹部训练

哑铃 - 瑞士球 - 仰卧 - 胸前卷腹

目标肌群	核心肌群
指导要点	保持躯干稳定

动作步骤

01 哑铃放胸前

01 仰卧在瑞士球上，头肩背贴紧球，胸前抱哑铃。

02 靠腰部撑住瑞士球，抗阻卷腹。回到初始位置，重复规定次数。

02 卷腹

哑铃 - 瑞士球 - 仰卧 - 头上卷腹

目标肌群	核心肌群
指导要点	保持躯干稳定

动作步骤

01 仰卧在瑞士球上，头肩背贴紧球，双手握哑铃放于头上。

01

哑铃放于头上

02 卷腹

02 靠腰部撑住瑞士球，抗阻卷腹。回到初始位置，重复规定次数。

哑铃－瑞士球－仰卧－卷腹－过顶

目标肌群	核心肌群
指导要点	肩关节位置保持不变

动作步骤

01 仰卧在瑞士球上，双脚撑地，双手托哑铃于头顶，双臂伸直。

01

02

03

卷腹

02~03 向上卷腹。回到初始位置，重复规定次数。

哑铃－站姿－躯干侧屈

目标肌群	侧腹部
指导要点	动作幅度不宜过大，保持核心肌群收紧

动作步骤

01

01 基本站姿，单手握哑铃，手臂自然下垂。

02

手臂下伸

02 保持下肢不动，握哑铃侧手臂向同侧膝关节方向移动，躯干向同侧侧屈。回到初始位置，重复规定次数。

哑铃 – 旋转下砍 __

目标肌群	侧腹部
指导要点	保持核心肌群收紧，迅速下砍哑铃

动作步骤

01

02

提铃

03

下砍

01 基本站姿，双手握一只哑铃，放于胸前。

02~03 双手提铃至身体斜上方，躯干向哑铃方向旋转。之后核心、上肢主动发力，使哑铃向斜下方移动，屈髋屈膝以降低重心，躯干向对侧旋转。回到初始位置，重复规定次数。

哑铃 – 俄罗斯转体 __

目标肌群	核心肌群
指导要点	核心收紧，保持躯干稳定

动作步骤

01

01 坐姿，膝盖微屈，双脚抬起，双手握一只哑铃放于身前。

02~03 哑铃从一侧髋关节转移到另一侧髋关节。回到初始位置，重复规定次数。

02

向右转身

03

向左转身

哑铃 – 瑞士球 – 仰卧 – 臀桥 – 稳定旋转

动作步骤 ▶

01

01 仰卧在瑞士球上，头肩背贴紧球，双手握哑铃，双臂伸直，保持躯干与大腿呈一条直线。

02 肩外旋

02 保持髋关节和肩关节位置不变，身体缓慢向一侧旋转，然后回到初始位置。完成对侧练习，并重复规定次数。

哑铃 – 弓步旋转

目标肌群　核心肌群、股四头肌

指导要点　保持挺胸抬头

动作步骤 ▶

01

01 双手握一只哑铃于身前，基本站姿。

02 左脚向前弓步，同时身体向左旋转。起身回到初始位置，重复规定次数。

转身

02

弓步

腹部训练

哑铃 - 高尔夫深蹲

目标肌群	臀部肌群、核心肌群
指导要点	躯干稳定，核心收紧

动作步骤

01

> **01** 基本站姿，双手握一个哑铃在身前。

02

▶▶

下蹲

03

向上挥动

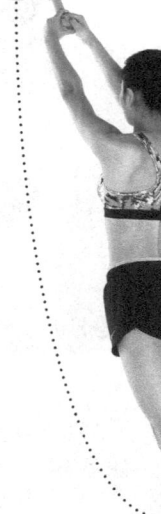

▶▶

足跟离地

> **02~03** 下蹲至大腿与地面平行，臀部发力向前伸髋并向右旋转身体，向上挥动哑铃至右肩上方，左足跟离地。回到初始位置，重复规定次数。

第6章

下背部训练

哑铃 – 瑞士球 – 俯卧 – 躯干后伸 __

目标肌群	伸髋肌群
指导要点	保持躯干稳定

动作步骤

01 俯卧在瑞士球上，哑铃放在头上，脚尖撑地。

02 躯干后伸，做背起动作。回到初始位置，重复规定次数。

01

02

躯干后伸

哑铃 – 坐姿 – 俯身双臂弯起 __

目标肌群	下背部
指导要点	保持躯干稳定

动作步骤

01

02

向前屈身

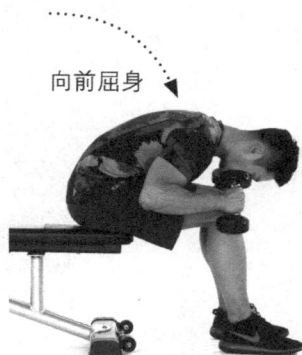

01 坐在训练椅上，双手握哑铃放在肩关节前。

02 以髋关节为轴，向前屈身。回到初始位置，重复规定次数。

哑铃 - 俯卧 - 背起转体

目标肌群	伸髋肌群、腹斜肌
指导要点	动作缓慢，核心收紧

动作步骤

01

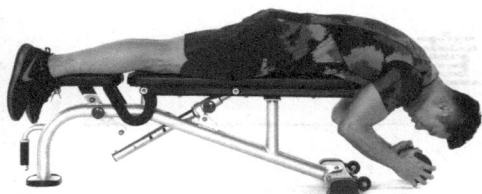

04

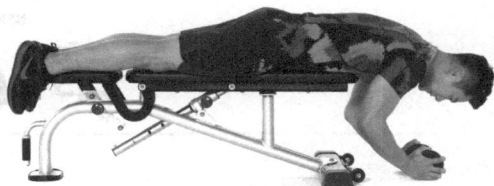

02

抬头

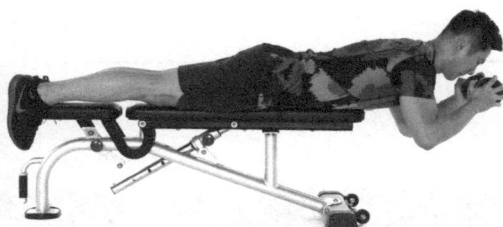

05

抬头

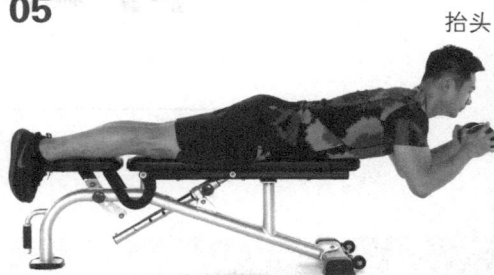

03

向右转身

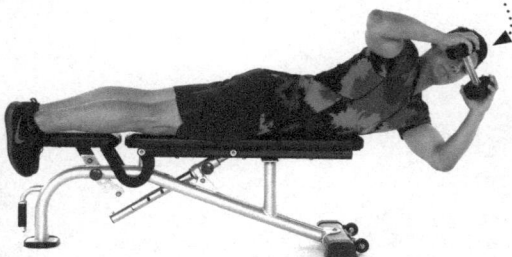

06

向左转身

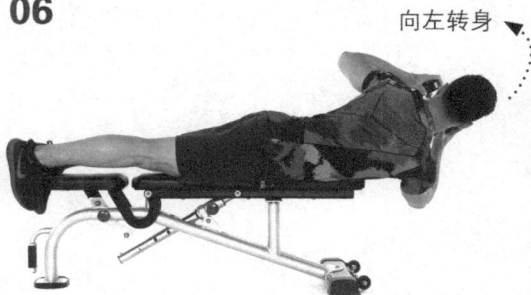

01 俯卧于训练椅上，腹部以上悬空，双脚紧贴训练椅。双手握哑铃放在头部下方。

02~06 向上背起，躯干平行于地面，然后向一侧旋转身体，回到起始位，再背起，向另一侧转体。回到初始位置，重复规定次数。

第**7**章

臀部训练

哑铃 - 基本深蹲

动作步骤

目标肌群	股四头肌、臀部肌群
指导要点	膝关节不能超过脚尖

01

> **01** 基本站姿，双手各握一只哑铃，自然下垂于身体两侧。

02

03

> **02 ~ 03** 向下深蹲，至大腿与地面平行。回到初始位置，重复规定次数。

哑铃 - 相扑深蹲

动作步骤

目标肌群	臀部肌群、股四头肌
指导要点	保持核心肌群收紧，挺胸抬头

01

> **01** 站姿，双脚分开略比肩宽，脚尖略向外，双手托哑铃于身前。

02

03

> **02 ~ 03** 保持背部挺直，屈髋屈膝下蹲至大腿与地面平行。臀部发力伸髋，直至站立位，重复规定次数。

臀部训练

哑铃 – 架式前蹲

目标肌群	股四头肌、臀部肌群
指导要点	膝关节不能超过脚尖

动作步骤 ▶

01 基本站姿，双手各握一只哑铃于肩关节前。

01

02

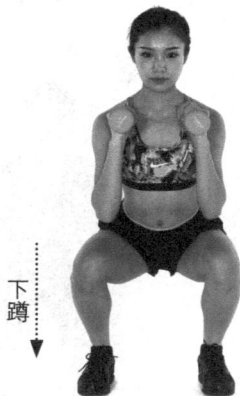

▶▶

下蹲 ↓

02 屈髋屈膝向下蹲，至大腿与地面平行。回到初始位置，重复规定次数。

哑铃 – 托铃前蹲

目标肌群	股四头肌、臀部肌群
指导要点	膝关节不能超过脚尖

动作步骤 ▶

01

▶▶

02 下蹲至大腿与地面平行。回到初始位置，重复规定次数。

02

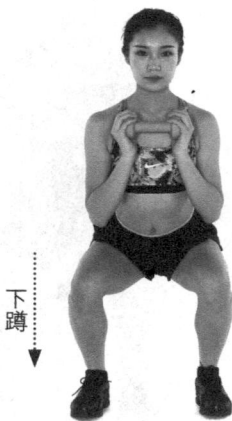

01 基本站姿，双手托一只哑铃于胸前。

下蹲 ↓

哑铃 – 瑞士球 – 靠墙双腿深蹲

目标肌群	股四头肌、臀大肌
指导要点	挺胸抬头，膝盖不能超过脚尖

动作步骤

01 双手握哑铃，自然下垂于身体两侧，瑞士球位于身体和墙壁之间，基本站姿，双脚分开与肩同宽。

02 向下深蹲至大腿平行于地面。回到初始位置，重复规定次数。

01

02

下蹲

哑铃 – 深蹲跳

目标肌群	股四头肌、臀部肌群
指导要点	核心收紧，保持躯干稳定

动作步骤

01

01 基本站姿，双手握哑铃自然下垂于身体两侧。

02

03

深蹲

跳起

02~03 向下深蹲至大腿与地面平行。顶髋起身同时向上跳起。落地后顺势下蹲，重复上述练习至规定次数。

75

哑铃 – 平凳单腿深蹲 ▃

目标肌群	股四头肌、臀部肌群
指导要点	臀部触及椅面后不借力，直接顶髋起身

动作步骤 ▶

01

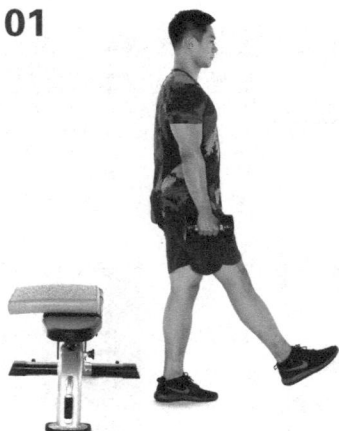

02

下蹲

01 单腿站立，训练椅在身体后方合适位置，双手握哑铃自然下垂于身体两侧。

02 单腿向下深蹲直至臀部触及训练椅，然后快速起身。重复规定次数，对侧亦然。

哑铃 – 单腿深蹲 ▃

目标肌群	臀大肌、股四头肌
指导要点	膝关节不能超过脚尖

动作步骤 ▶

01

01 单腿站，双手握哑铃自然下垂于身体两侧。

02

03

下蹲

02~**03** 单腿下蹲。回到初始位置，重复规定次数。

哑铃 – 后腿抬高弓步蹲

目标肌群	股四头肌、臀部肌群
指导要点	膝关节不能超过脚尖

动作步骤

01 后腿抬高放在训练椅上，双手握哑铃自然下垂于身体两侧。

01

02 核心稳定下蹲。回到初始位置，重复规定次数。

下蹲

前腿弓步

02

哑铃 – 瑞士球 – 后腿抬高弓步蹲

目标肌群	股四头肌、臀部肌群
指导要点	注意核心稳定

动作步骤

01

01 后腿抬高放在瑞士球上，双手握哑铃自然下垂在身体两侧。

02

02 核心稳定下蹲。回到初始位置，重复规定次数。

前腿弓步

下蹲

哑铃 – 瑞士球 – 靠墙单腿深蹲

目标肌群	股四头肌、臀大肌
指导要点	挺胸抬头，膝盖不能超过脚尖

动作步骤 ▶

01 双手握哑铃，自然下垂于身体两侧，瑞士球位于身体和墙壁之间。

02 单腿向下深蹲至大腿平行于地面。回到初始位置，重复规定次数。

01

02

下蹲

哑铃 – 双臂下蹲高翻

目标肌群	臀大肌、股四头肌
指导要点	动作连贯，运用惯性完成动作

动作步骤 ▶

01 双手握哑铃自然下垂，双脚与肩同宽，微屈膝屈髋降低重心，哑铃位于膝盖下方。

04

03

01

02

双臂提拉

下蹲高翻

直立起身

02~04 向前挺髋，提高重心，同时双臂高翻至肩关节上部，同时迅速降低重心至前蹲位，然后起身。回到初始位置，重复规定次数。

哑铃 – 单腿臀桥

目标肌群	臀部肌群、下背部、股后肌群
指导要点	动作稳定，核心收紧

动作步骤 ▶

01

01 仰卧在瑜伽垫上，双手握哑铃放在身上，单腿支撑，另一条腿向上抬起，两大腿平行。

02

向上顶髋

02 向上顶髋，臀部抬起，使躯干与大腿呈一条直线。回到初始位置，重复规定次数。

第8章

腿部训练

哑铃 - 分腿蹲

目标肌群	股四头肌、股后肌群
指导要点	保持核心稳定

动作步骤

01

双腿分开

01 分腿站姿，左腿在前，右腿在后，双手握哑铃于身体两侧，自然下垂。

▶▶

02 屈髋屈膝，下蹲。回到初始位置，重复规定次数。换对侧腿完成练习。

02

下蹲

哑铃 - 基本硬拉

目标肌群	下肢稳定肌群、上背部
指导要点	核心稳定，确保身体平衡

动作步骤

01

01 基本站姿，双脚与肩同宽，双手握两只哑铃，屈髋屈膝下蹲，将哑铃放在双脚前的地面上。

02 保持背部挺直，臀部发力伸髋，直至站立位。回到初始位置，重复规定次数。

▶▶

02

顶胯拉起

81

哑铃－直腿硬拉

目标肌群	臀部肌群、股后肌群
指导要点	核心肌群收紧

动作步骤

01 基本站姿，双脚与肩同宽，身体前屈，双手握两只哑铃放在双脚前。

02

01

02 保持膝关节伸直，双手握住哑铃，臀部发力伸髋，直至站立位。回到初始位置，重复规定次数。

顶胯拉起

哑铃－相扑硬拉

目标肌群	臀部肌群、股后肌群
指导要点	保持核心肌群收紧，挺胸抬头

动作步骤

01 站姿，双脚分开略比肩宽，脚尖略向外，屈髋屈膝下蹲，哑铃垂直放在身前。

02

01

02 保持背部挺直，双手托住哑铃，臀部发力伸髋，直至站立位。回到初始位置，重复规定次数。

顶胯拉起

哑铃 - 站姿 - 单臂硬拉 __

目标肌群	腘绳肌、核心稳定肌群
指导要点	保持核心肌群收紧，维持身体平衡

动作步骤

01

02

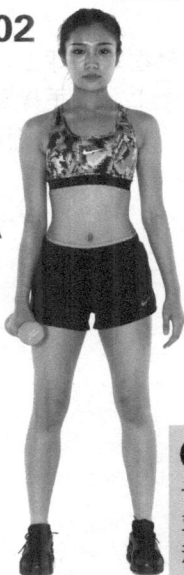

单臂硬拉

01 基本站姿，双脚与肩同宽，屈髋屈膝下蹲，单手握一只哑铃放在身体一侧的地面上。

02 保持背部挺直，单手握哑铃于体侧，臀部发力伸髋，直至站立位。回到初始位置，重复规定次数。

哑铃 - 单腿罗马尼亚硬拉 __

目标肌群	股后肌群
指导要点	俯身时注意骨盆位置

动作步骤

01 双手握哑铃自然下垂于身体两侧，单脚站立。

01

02

03

抬腿

向下俯身

02~**03** 向下俯身，直至身体与地面平行，做单腿硬拉。回到初始位置，重复规定次数，对侧亦然。

哑铃 – 瑞士球 – 前倾双侧提踵

目标肌群	小腿三头肌
指导要点	核心收紧，保持躯干稳定

动作步骤

01

01 身体前倾靠在瑞士球上，瑞士球靠在墙壁上，双手握哑铃自然下垂。

02

02 双侧同时提踵。回到初始位置，重复规定次数。

提踵

哑铃 – 俯卧 – 双侧腘绳肌收缩

目标肌群	腘绳肌
指导要点	保持髋关节位置，贴近训练椅

动作步骤

01

01 俯卧在训练椅上，双膝悬垂，脚间放哑铃，屈膝使小腿垂直于地面。

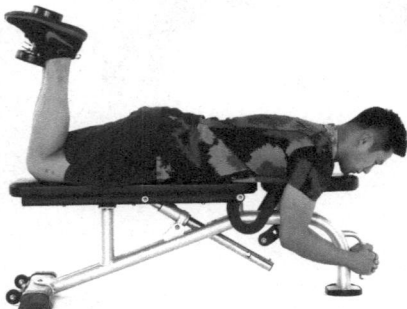

02

双腿伸直

02 伸膝使小腿平行于地面。回到初始位置，重复规定次数。

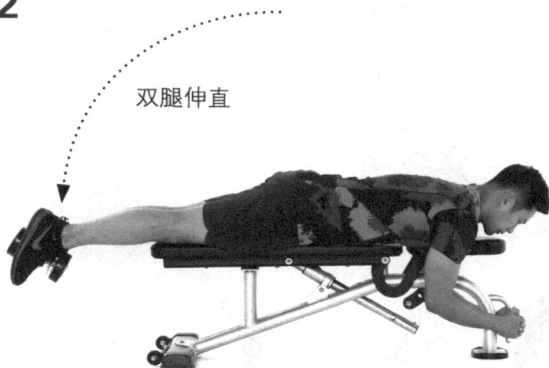

哑铃 – 前弓步__

动作步骤 ▶

01

02

▶▶

01 基本站姿，双手各握一只哑铃，自然下垂于身体两侧。

向前弓步 ➡

02 向前弓步。回到初始位置，重复规定次数。

哑铃 – 多方向弓步__

目标肌群	股四头肌、臀大肌
指导要点	膝盖和脚尖方向始终与躯干方向一致

动作步骤 ▶

01 基本站姿，双手握哑铃。身体一侧半圈均匀摆放5个标志物。

01

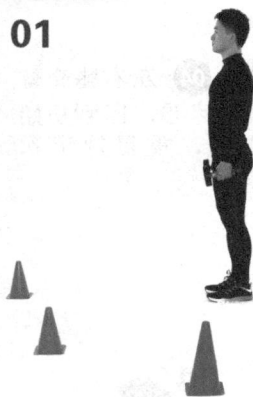

02

03

04

05

▶▶

06

02 ~ **06** 分别向五个角度做弓步练习，每次迈出后回到原位，再进行下个角度。回到初始位置，重复规定次数。

腿部训练

哑铃－反向弓步

目标肌群	股四头肌、股后肌群
指导要点	保持核心稳定

动作步骤 ▶

01

> **01** 基本站姿，双手各握一只哑铃，自然下垂于身体两侧。

▶▶

> **02** 向后弓步。回到初始位置，重复规定次数。

02

向后弓步

哑铃－行走弓步

目标肌群	股四头肌、股后肌群
指导要点	保持核心稳定

动作步骤 ▶

> **01** 基本站姿，双手各握一只哑铃，自然下垂于身体两侧。

01

03

> **02~04** 左右腿交替向前弓步。回到初始位置，重复规定次数。

◀

02

◀◀

右腿弓步 →

04

左腿弓步 →

哑铃－弓步下蹲

目标肌群	股四头肌、股后肌群
指导要点	两侧弓步交替进行

动作步骤 ▶

01

01 基本站姿，双手各握一只哑铃，自然下垂于身体两侧。

02

左腿弓步 ▶

03

右腿弓步

04

收腿深蹲

02~04 向前弓步，双腿弓步完成后接深蹲。回到初始位置，重复规定次数。

哑铃－站姿－单侧提踵

目标肌群	股四头肌、股后肌群
指导要点	核心收紧，保持躯干稳定

动作步骤 ▶

01 单脚站在跳箱上，足跟悬空，双手握哑铃，自然下垂在身体两侧。

02 抬起一只脚，支撑脚做提踵练习。回到初始位置，重复规定次数。

01

02

单脚提踵

哑铃－瑞士球－坐姿－双侧提踵

目标肌群	小腿三头肌
指导要点	核心收紧，保持躯干稳定

动作步骤 ▶

01

01 坐在瑞士球上，双手握哑铃放于膝关节上。

▶▶

02

提踵

02 双侧同时提踵。回到初始位置，重复规定次数。

哑铃－站姿－行走提踵

目标肌群	小腿三头肌
指导要点	保持身体稳定

动作步骤 ▶

01 基本站姿，双手各握一只哑铃，自然下垂于身体两侧。

01

▶▶

02

▶▶

03

提踵前走

04

▶▶

05

提踵前走

02~**05** 保持向上踮脚尖，提踵前走。重复规定次数。

哑铃－下蹲双侧提踵

目标肌群	股四头肌
指导要点	保持身体稳定

动作步骤

01

01 基本站姿，双手各握一只哑铃，自然下垂于身体两侧。

02

深蹲

03

提踵

02~03 向下深蹲，起身后接双侧提踵。重复规定次数。

哑铃－站姿－行走硬拉

目标肌群	核心肌群、腘绳肌
指导要点	保持核心肌群收紧，挺胸抬头

动作步骤

01

01 下蹲，双脚与肩同宽，两只哑铃放于双脚外侧的地面上。

02

双臂提拉

03

04

05

06

02~06 采用对握硬拉姿势提起哑铃至站立位，持铃向前行走两步，然后回到站立位，并用同样的方式将哑铃放回地面。回到初始位置，重复上述练习。

第9章

复合训练

什么是复合训练

以上几章介绍的训练动作多为练习单一部位的孤立训练动作，最具代表性的就是哑铃弯举和屈臂伸练习，这两个动作分别训练肱二头肌和肱三头肌，而其他肌肉在运动中并没有过多地参与。孤立训练的目的性和指向性更强，能够在最短时间内达到训练目标肌肉的目的。但是人体作为一个极其复杂的有机整体，几乎所有活动都是由多个部位的骨骼、肌肉和韧带协同完成的，尤其是在各类竞技体育项目中，几乎没有单关节、单肌肉就能够完成的动作。因此在日常训练过程，尤其是功能性训练中，复合训练的占比一般较高。

复合训练指的是多关节、多肌群参与的训练方式。从广义上讲，深蹲、硬拉和卧推等训练方式都属于复合训练，但本书为了更明确地进行分类，将这类有明显目标肌肉的练习归入前面的章节；而本章的复合训练则结合了一些孤立练习，以及一些无法明确指出单一目标肌肉的练习。

复合训练的益处

复合训练有两个主要优势：第一，将两种或两种以上的孤立训练结合，能够用较少的动作刺激到更多的肌群，节省训练时间，增强训练强度；第二，训练动作相比孤立练习而言更加复杂，需要更多的关节和肌肉共同参与来完成，提升机体协调能力的同时也满足了专项运动的技术要求，帮助我们更快地将身体训练能力转化为专项运动能力。

第一点优势很好理解，关于第二点，笔者认为有必要进行进一步的解释。目前，很多运动爱好者已经意识到，只进行专项技术训练虽然能够达到锻炼目的并有很大的乐趣，但想要在自己喜爱的运动中表现更加突出，技术增长更迅速，除了要进行技术训练外，还要有基本的身体训练。但是无论你喜爱的运动是羽毛球、网球，还是篮球、足球，进行一些力量练习能够提升你的身体能力，但不一定能提升你在球场上的表现，原因就是缺乏身体训练能力向专项运动能力的转化。复合训练的多样化使得它能够更方便地模仿专项动作，因而能够将你训练的身体能力潜移默化地转移到运动场上，帮助你更快地提升能力，驰骋球场。这就是前文提到的复合训练的第二点优势——帮助我们更快地将身体训练能力转化为专项运动能力。

哑铃－站姿－双臂弯举推举

目标肌群	肱二头肌、肩关节周围肌群
指导要点	动作稳定，核心收紧

动作步骤

01 基本站姿，双手握哑铃自然下垂于身前，掌心向前。

01

02

双臂弯举

03

双臂推举并旋转

02~03 双臂同时弯举，至掌心向后。向上举至手臂伸直，前臂旋转至掌心向前。回到初始位置，重复规定次数。

哑铃－双臂锤式弯举推举

目标肌群	肱二头肌、肩关节周围肌群
指导要点	动作稳定，核心收紧

动作步骤

01 基本站姿，双手握哑铃自然下垂于身体两侧，掌心相对。

01

02

双臂弯举

03

双臂推举

02~03 进行锤式弯举，然后过顶推举。回到初始位置，重复规定次数。

哑铃 – 双臂下蹲弯举

目标肌群	臀部肌群、肱二头肌
指导要点	深蹲时膝盖不超过脚尖

动作步骤

01 基本站姿，双手握哑铃自然下垂于身体两侧，掌心相对。

02~04 深蹲至大腿平行于地面，双臂锤式弯举，然后顶髋起身。回到初始位置，重复规定次数。

01　　　　**02**　　　　**03**　　　　**04**

深蹲

顶髋弯举

哑铃 – 双臂高翻

目标肌群	核心肌群
指导要点	动作连贯，运用惯性完成动作

动作步骤

01

01 双手握哑铃自然下垂，双脚与肩同宽，微屈膝屈髋降低重心，哑铃位于膝盖上方。

02

02 向前挺髋，提高重心，同时双臂高翻至肩关节上方。回到初始位置，重复规定次数。

双臂拉起

双臂高翻

哑铃 – 单臂高翻

目标肌群	肩背部、下肢
指导要点	动作连贯，运用惯性完成动作

动作步骤

01

02

单臂提拉

03

单臂高翻

01 单手握哑铃自然下垂，双脚与肩同宽。微屈膝屈髋降低重心，哑铃位于膝盖下方。

02 ~ **03** 向前挺髋，提高重心，同时单臂高翻至肩关节上方。回到初始位置，重复规定次数。

哑铃 – 双臂高翻挺举

目标肌群	肩背部、下肢
指导要点	动作连贯，运用惯性完成动作

动作步骤

01

02

挺髋提拉

03

04

05

01 双手握哑铃自然下垂，双脚与肩同宽，微屈膝屈髋降低重心，哑铃低于膝盖。

02 ~ **05** 向前挺髋提高重心，同时双臂高翻至肩关节上方，垫步呈弓步支撑，同时上举哑铃，然后站起。回到初始位置，重复规定次数。

哑铃 – 双臂高翻推举 __

目标肌群	肩关节周围肌群、臀部肌群
指导要点	核心收紧，动作连贯

动作步骤

01 深蹲位，双手持两只哑铃放在脚两侧。

02 ~ 04 将哑铃提拉至身体前，并高翻至肩，向上推举过顶。回到初始位置，重复规定次数。

01　　**02**　　**03**　　**04**

起身提拉

双臂高翻

推举过顶

复合训练

哑铃 – 双臂借力挺举 __

目标肌群	肩关节周围肌群、下肢
指导要点	动作连贯，运用惯性完成动作

动作步骤

02　　**03**

01

弓步挺举

下蹲

01 双手握哑铃放在肩关节上方，基本站姿。

02 ~ 03 垫步呈弓步支撑，重心下移同时将哑铃举过头顶。起身，恢复站立。回到初始位置，重复规定次数。

哑铃－单臂下蹲高翻

目标肌群	肩背部、下肢
指导要点	动作连贯，运用惯性完成动作

动作步骤

01 单手握哑铃自然下垂，双脚与肩同宽，微屈膝屈髋降低重心，哑铃位于膝盖下方。

02~04 蹬地挺髋提高重心，借助惯性将哑铃高翻至肩关节前部，同时迅速降低重心至蹲位，然后起身。回到初始位置，重复规定次数。

01

02

单臂提拉

03

下蹲高翻

04

直立起身

哑铃－弓步单臂推举－同侧

目标肌群	股四头肌、肩关节周围肌肉
指导要点	核心收紧，稳定躯干平衡

动作步骤

01

01 基本站姿，单手握哑铃于肩关节前。

02

02 哑铃同侧脚向前弓步的同时将哑铃上举过顶。回到初始位置，重复规定次数。

哑铃－单臂下蹲挺举

目标肌群	肩关节周围肌群、下肢
指导要点	动作连贯，运用惯性完成动作

动作步骤 ▶

01

01 单手握哑铃自然下垂，屈髋屈膝半蹲位，哑铃垂于膝关节下方。

02

↑ 起身提拉

03

↓ 下蹲高翻

04

↑ 弓步挺举

05

02～05 单臂高翻至肩，同时下蹲至深蹲位，站立同时单臂哑铃上举，垫步呈弓步支撑。弓步起身，恢复站立。回到初始位置，重复规定次数。

复合训练

哑铃 - 双臂下蹲抓举

目标肌群	肩背部、下肢
指导要点	动作连贯，运用惯性完成动作

动作步骤 ▶

01 双手握哑铃自然下垂，双脚与肩同宽，微屈膝屈髋降低重心，哑铃位于膝关节下。

02~04 向前挺髋提高重心，同时双臂抓举，迅速降低重心至蹲位，双臂高翻举过头顶，然后从蹲位起身至站立位。回到初始位置，重复规定次数。

01

02

挺髋提拉

03

下蹲抓举

04

直立起身

哑铃 - 双臂肩上下蹲推举

目标肌群	肩关节周围肌群、臀部肌群
指导要点	动作连贯，运用惯性完成动作

动作步骤 ▶

01 基本站姿，双手握哑铃放于肩关节上方，掌眼相对。

03

起身上举

01

02

下蹲

02~03 进行一次下蹲。起身的同时双臂向上过顶推举。回到初始位置，重复规定次数。

哑铃 – 弓步双臂推举 – 单哑铃

目标肌群	股四头肌、肩关节周围肌肉
指导要点	核心收紧，稳定躯干平衡

动作步骤

01

01 基本站姿，胸前抱一只哑铃。

02

弓步推举

02 向前弓步的同时将哑铃上举过顶。回到初始位置，重复规定次数。

哑铃 – 仰卧 – 臀桥 – 基本上拉

目标肌群	肩关节周围肌群
指导要点	保持髋关节位置，躯干与大腿呈一条直线

动作步骤

01

01 肩关节支撑，仰卧在训练椅上，向上挺髋保持躯干和大腿呈一条直线，双手托哑铃，手臂垂直于地面。

02 双臂上拉至头顶。回到初始位置，重复规定次数。

02

双臂上拉

复合训练

哑铃－复合弓步

目标肌群	下肢、肱二头肌、肩关节周围肌肉
指导要点	两个前弓步交换腿进行

动作步骤 ▶

01 基本站姿，双手各握一只哑铃，自然下垂于身体两侧。

02~08 交替做前弓步、站立侧平举、前弓步、站立弯举练习。回到初始位置，重复规定次数。

01

弓步 →

02

03

04

双臂侧平举

05

弓步 →

06

07

08

弯举

100

哑铃 – 瑞士球 – 臀桥 – 双臂交替推举

目标肌群	核心肌群、肩关节周围肌群
指导要点	保持髋关节位置，躯干与大腿呈一条直线

动作步骤 ▶

01 仰卧在瑞士球上，保持躯干和大腿呈一条直线，双脚支撑，上背部靠在瑞士球上，双手握哑铃于肩关节处。

01

02

单臂推举 ↑

03

04

对侧推举 ↑

02~04 双臂向上交替推举。回到初始位置，重复规定次数。

哑铃 – 仰卧 – 飞鸟 – 双臂屈臂伸

目标肌群	胸大肌、肱三头肌
指导要点	动作稳定，核心收紧

动作步骤 ▶

02~04 双臂做飞鸟练习，然后接屈臂伸练习。回到初始位置，重复规定次数。

01

02

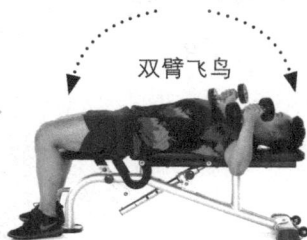

双臂飞鸟

04

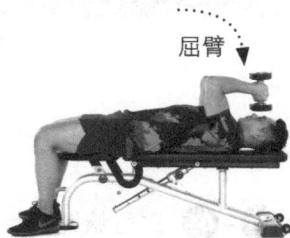

屈臂

03

01 仰卧在训练椅上，双手握哑铃在胸部上方，双臂伸直。

哑铃 – 俯卧撑旋转

目标肌群	全身
指导要点	保持髋关节中立位

动作步骤

01

01 双手握哑铃呈俯卧撑姿势，掌心相对。

02

做俯卧撑

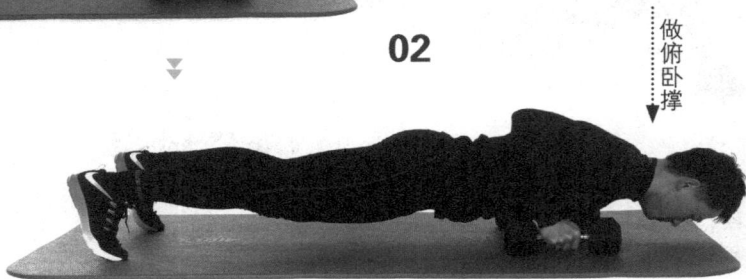

03

04

02~04 进行俯卧撑练习，起身后胸椎旋转身体打开，单臂哑铃后拉，躯干旋转至侧面。回到初始位置，重复规定次数。

身体打开

哑铃－上斜俯卧撑 __

目标肌群	全身
指导要点	保持髋关节中立位

动作步骤 ▶

01

01 两个哑铃纵向放在跳箱等稳定物体上，双手握哑铃呈上斜俯卧撑姿势。

做俯卧撑

02

02 进行俯卧撑练习。回到初始位置，重复规定次数。

哑铃－下斜俯卧撑 __

目标肌群	全身
指导要点	保持髋关节中立位

动作步骤 ▶

01

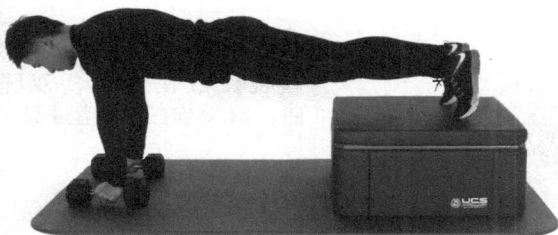

01 两个哑铃纵向放在瑜伽垫上，双手握哑铃，双脚放在跳箱等稳定物体上，呈下斜俯卧撑姿势。

做俯卧撑

02

02 进行俯卧撑练习。回到初始位置，重复规定次数。

哑铃 - 侧桥 - 单臂飞鸟

目标肌群	核心肌群、肩关节周围肌群
指导要点	保持髋关节中立位，动作稳定

动作步骤

01 侧卧于瑜伽垫上，左肘支撑，肩关节在肘关节正上方，右手握哑铃，放在身前。

01

02

单臂打开

02 向上顶髋呈侧桥姿势，右手向上打开做飞鸟练习。回到初始位置，重复规定次数。

哑铃 - 双腿臀桥

目标肌群	臀部肌群、下背部、股后肌群
指导要点	动作稳定，核心收紧

动作步骤

01

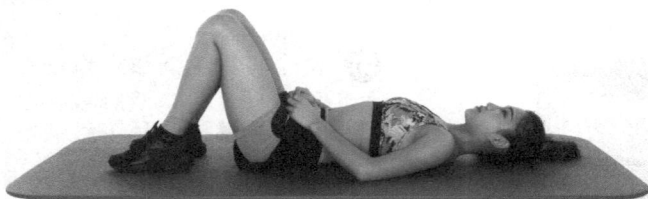

01 仰卧在瑜伽垫上，双手握哑铃放在身上，双腿弯曲，双脚放在瑜伽垫上。

向上顶髋

02

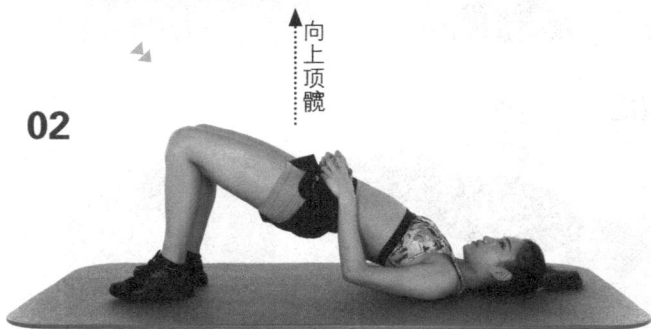

02 向上顶髋，使躯干和大腿呈一条直线。回到初始位置，重复规定次数。

第 **10** 章

训练计划

热身与动作准备

热身和动作准备是很多人最容易忽略但又必不可少的环节，所以我强烈建议不要跳过这一部分的阅读。

我们在进行所有类型的训练之前，都需要进行热身和动作准备。科学的热身活动是任何健身、竞技运动、训练和比赛之前务必进行的重要环节。热身可以提高肌肉温度、降低肌肉黏滞性、增加血流量、提高心血管系统和呼吸系统的机能水平、增强本体感觉和控制能力、增加关节活动度、提高神经兴奋性、加快反应速度和代谢水平，增强运动表现并降低受伤风险。

很多人理解的准备活动以拉伸为主，提到拉伸，各种方式的压腿就出现在他们脑海中。但是目前的研究和实践告诉我们，压腿这类静态拉伸越来越少地被用作训练前的热身当中，相比而言，动态拉伸更能够帮助人们达到热身的目的，并且不会对肌肉力量产生不良影响。

动态拉伸是通过一定的动作让身体活动起来的同时拉伸肌肉的一种方法，广泛应用于竞技体育运动训练和比赛前的热身当中。有三方面原因让很多专家越来越倾向于在赛前进行动态拉伸。第一，动态拉伸能够有效提升运动中的活动度：静态牵拉是在放松过程中进行的，一旦肌肉重新收缩，活动度很有可能会呈现下降趋势，并不利于即将进行的活动，而动态拉伸是在运动中进行的，能够模拟运动时的状态，更好地增强关节活动范围和肌肉弹性。第二，动态拉伸能够在热身的同时进行拉伸：

动态拉伸动作能够活动身体，提升肌肉稳定和神经兴奋性的同时增强关节活动度和肌肉弹性，是一举两得的热身方式。第三，动态拉伸能够较快地提升运动能力：多数研究已经表明，动态拉伸后，肌肉的基础力量和爆发力等素质都会有所增长，非常适合放在训练前进行。

热身的第一步，我推荐进行软组织松解。如果没有体能教练、康复师等专业人士为你服务的话（我相信大多数普通人群没有这个条件），那么泡沫轴和扳机点球等小器材可以帮助你进行自我松解和按摩。泡沫轴也叫泡沫桶或滚筒，是一种常见的康复器材。使用者将身体重量压在泡沫轴上，将滚动产生的压力作用于肌肉和筋膜上，进行自我放松。泡沫轴最早是木制材质，被用作康复工具。随着技术的更新，逐步被更为轻便、硬度适中的 PE 或 EVA 颗粒取代，被广泛应用于肌肉损伤的恢复和治疗。21 世纪初，泡沫轴被引入国内，更多用于运动训练、康复和大众健身等方面。泡沫轴应用于热身中，首先，可以调整肌肉的初始长度和肌张力，提高肌肉的兴奋性并激活肌肉，放松深层筋膜，改善肌肉延展性和关节活动度；其次，泡沫轴按压带来的痛感能够有效增强神经兴奋性，帮助身体更好地从安静状态向运动状态转换。

软组织松解后，肌肉的延展性得到初步增强，接下来 6~8 分钟的低强度有氧练习是非常必要的。研究表明，单纯进行牵拉活动虽然能够提高心率和耗氧量，但提高程度不足以达到热身效果，在这个前提下，热身中加入有氧练习的必要性就凸显出来。热身中加入有氧活动能够促进血液循环，提高肌肉和身体核心温度，促进代谢功能的进行，使我们的身体更快地进入运动状态。而且有研究表明，肌肉和其他软组织温度的升高会对随后的拉伸有强化作用，相比于直接进行拉伸，慢跑后进行拉伸的效果要好得多。因此，通过6~8分钟低强度有氧活动，让身体进一步进入状态，以微微出汗的状态进入动态拉伸是我非常推荐的。

最后需要提出的一点是，在为一些专业运动员安排热身运动的时候，应该在自身思路的基础上充分尊重他们的传统和习惯。笔者为专业乒乓球运动员服务多年，无论是国家队还是省队，都有一套非常传统的热身习惯。在乒乓队数十年热身中，静态拉伸所占的比例相当大，这是他们长久以来的一项传统。虽然研究表明静态拉伸并不能很好地调动兴奋性，但放弃运动员长久以来一直进行的静态拉伸会对他们的心理产生不良影响。队员会认为他们不做静态拉伸就没有完全活动开，虽然他们的身体已经做好准备，但内心仍存在疑问。因此，在安排准备活动时，只要不违背原则，请尽量尊重个体的习惯和传统，因为心理暗示在运动中尤其是乒乓球这类精细技术项目中，重要性也是非常突出的。

组间间歇时间

通常哑铃训练会进行多组，每组之间有一定的间歇时间可供身体和肌肉休息，除了心率、呼吸频率的恢复之外，身体内也会产生相应变化，肌肉的代谢废物通过血液循环被带走，体内的ATP和CP等功能物质再合成，这些变化帮助我们重新积蓄能量完成下一组练习。

间歇时间如果过短，身体还没有做好下一组训练的准备，我们就不能很好地完成接下来的练习；而间歇时间一旦过长，则会导致神经兴奋性过低和体温下降等问题，也不利于接下来的运动表现。那么每组间的间歇时间多少合适呢？这要根据自身的训练目的和负荷确定。根据研究表明，负荷10~15RM、间歇30秒~1分钟比3~5RM、间歇3~5分钟更有效，更能够诱导肌肉肥大。鲁滨逊等人比较了3分钟、90秒和30秒组间间歇对下肢力量的影响，研究结果显示，3分钟的间歇时间组的下肢力量增加显著，90秒和30秒力量耐力提高较为明显，作者据此推测导致下肢力量增加的原因是组间间歇时间3分钟训练组能够维持较高的训练强度。

综合以上研究，我们应该根据我们自身的训练目标来确定组间间歇。针对想要发展肌肉围度的人群，间歇时间应为30秒~1分钟；如果想要提高绝对力量，60秒~3分钟的组间间歇则较为适合；而对于想要提高肌肉耐力的朋友，30秒~1分钟的间歇时间同样适用；而爆发力素质的发展，则需要相对较长的间歇时间，通常推荐2~5分钟。

RM是英文Repetition Maximum的缩写，指的是最大重复次数。RM前加上数字，表示最多能重复多少次的重量，如15RM的意思为某动作最多能够举起15次时的重量。例如某人基本弯举20千克哑铃时，最多能够连续完成5次，对于他来说基本弯举5RM的负荷即为20千克。下表为大家展示了完成次数与1RM之间的关系。

重复次数	1RM百分比	重复次数	1RM百分比
1次	100%	2次	95%
4次	90%	6次	85%
8次	80%	10次	75%
12次	70%	18次	65%
20次	60%	20次以上	60%以下

负荷的选择

对于新手训练者而言，负荷的选择一直是非常头疼的问题。你可能很羡慕那些老手在选择负荷方面的直觉，但是我可以负责任地告诉你，这个直觉是需要经过多次试验得来的经验，没有人天生就能够知道多重的哑铃适合自己，只有一次一次地反复尝试，在了解哑铃的同时了解自己，慢慢培养自己的感觉。

在你终于知道用 5 千克的哑铃能进行多少次弯举之后，下面就是我要告诉你的一些知识。首先你需要了解 RM 的定义，这个在上文中已经有所表述。接下来，与间歇时间相似，我们在挑选负荷的时候同样应该考虑我们的训练目的。假如我们需要增加肌肉围度，那么我们在训练中的负荷应选择70%~85% 1RM 的负荷（即能够举起 6~12次的重量）；如果是以增强肌肉力量为目标，负荷应该在 85% 1RM 值左右，即能够举起6 次左右的重量。爆发力练习则应区分单次爆发力还是连续爆发力，对于单次爆发力而言，50%~80% 1RM 的负荷是比较合适的，而连续爆发力的发展多数选择 30%~60% 1RM 的负荷。

训练计划的设计

我们为什么要设计训练计划？很多初学者都有这方面的疑惑，认为按照自己觉得对的方法进行训练，同样能够达到很好的效果。诚然，一位久坐久站、很少运动的菜鸟刚刚开始锻炼的时候，会因为运动负荷的变化而产生相应的身体反应，这些反应常常给人一种训练方法非常有效的错觉。但是如果没有一份合理安排的训练计划，长时间按照自己不科学的经验和盲目的方式进行训练，对于普通人群来说可能导致训练效果出现瓶颈、运动量不足或运动量过大、运动中出现急性或慢性运动损伤等多种问题；对于运动员来说则会降低训练效率，无法达到训练效果或者产生伤病。

上文中已经介绍了数量庞大的哑铃相关训练动作，那么如何选择适合自己的练习并合理安排呢？这就涉及训练计划的设计。

一份合理计划的设计，首先应该了解客户的基本信息。进行计划设计时应该充分考虑客户的健康状况、身体状态、运动史、运动表现能力和身体测试结果的评估预分析，如果对客户的健康状况有疑问，有必要首先进行全面体检并咨询医生建议。所有的这些数据能够帮助你更具有针对性地设计训练计划，增强客户薄弱环节的同时，避免对其身体造成过大负担而引起伤病。

掌握了客户的基本信息之后，下一步就是明确客户的训练目标和需求。你的客户可能是一名专业运动员，想要提升自己在赛场上的运动表现，也可能是一位公司白领，想改善久坐后的颈部和腰部不适。这两种不同的需求决定了训练计划的设计思路。

在汇集了各种资料和信息之后，我们就可以着手设计训练计划了。对于普通人而言，可以在考虑以上因素后立即制定数周乃至数月的训练计划，而对于运动员，还需要考虑近期乃至今年参加比赛的日期，以此为基础制定准备期、比赛期和恢复期的训练计划。值得一提的是，训练计划制定之后，在实施过程中并不是一成不变的。我们在执行计划时应该根据客户的身体状况和主观反馈进行调整。在计划执行一定时间后，随着客户身体疲劳程度的积累，我们也可能对训练量和强度进行微调以满足当前客户的身体状态。

训练后的整理运动

整理运动是训练结束后进行的强度较低的运动，是帮助我们恢复的重要步骤，它的重要性等同于热身，都是提高运动表现和预防运动损伤的重要方式。

经过高强度的训练，我们的身体各组织和器官都在高速运转，如果没有整理运动作为缓冲，就犹如一辆时速 100 千米的汽车瞬间停止。整理运动的目的就是让人体紧张的肌肉和代谢逐步过渡到相对平和安静的状态，帮助训练后的肌肉更好地进行恢复。通过整理运动，我们的肌肉能够得到充分的放松，血液循环的流畅能够运输训练中产生的废物，为肌肉补充氧气和营养物质，使肌肉从高度兴奋逐步安静下来，并且有利于肌肉的恢复和下次训练的运动表现。

如果没有整理运动，运动强度的突然下降会使身体内出现异常的生理变化，容易引发恶心、呕吐、头晕目眩、脑部缺陷，甚至出现休克等严重后果。

力量训练后的整理运动与训练前的热身类似。首先可以进行 5 分钟左右的慢跑或快走，速度不宜过快，能够感受到心率逐步降低就是较为适宜的强度。通过有氧练习，配合呼吸，能够让身体各组织器官的机能得到初步的放松，心率逐步下降，但这阶段呼吸系统仍然保持一定的代谢速率，为的是偿还运动时的氧债；慢跑过后可以进行一定时间的泡沫轴松解，将自己刚刚锻炼的主要大肌群和筋膜进行松解，这样能够促进局部血液循环，加速肌肉的恢复；最后则是进行拉伸运动，不同于热身的动态拉伸，整理运动应以静态拉伸为主，是整个整理运动的重点。

静态拉伸是指拉伸肌肉到极限后保持动作一段时间的拉伸方式。静态拉伸可以使疲劳的肌肉得以放松，促进血液循环，而且配合合适的呼吸调节，能够降低神经兴奋性，帮助我们从运动状态回归到静息状态下。静态牵拉还能够防止肌肉粘连，减少肌丝扭曲程度，避免训练后肌肉重建过程中肌肉硬结和痛点的产生，极大概率地降低运动损伤的发生。

健身训练计划

基础力量发展计划

本计划适合初学者或很久未进行训练的人士。训练前请按照前文所述的准备活动进行热身，训练后应同样进行正确的整理活动。本计划建议每周 2~3 次，隔日进行，持续 8 周时间。计划包含了全身几乎所有的大肌肉群，能够有效提升肌肉力量，同样可以配合减脂训练使用。

第一周 ~ 第四周

动作	组数	次数或时长	强度	间歇	页码
哑铃－架式前蹲	3~4组	10~15次	低	0	74
哑铃－基本硬拉	3~4组	10~15次	低	60秒	81
哑铃－坐姿－双臂肩上推举	3~4组	10次	中	0	37
哑铃－仰卧－臀桥－基本上拉	3~4组	10次	中	90秒	99
哑铃－上斜－双臂胸前推举	3~4组	10~15次	低	0	50

动作	组数	次数或时长	强度	间歇	页码
哑铃-俯身-双臂后拉	3~4组	10~15次	低	0	52
哑铃-仰卧-基本卷腹	3~4组	15~20次	低	60秒	56
哑铃-站姿-躯干侧屈	3~4组	15~20次/侧	中	0	65
哑铃-坐姿-双臂基本弯举	3~4组	10~15次	中	90秒	9
哑铃-仰卧-双臂屈臂伸	3~4组	10~15次	低	0	19

第五周～第八周

动作	组数	次数或时长	强度	间歇	页码
哑铃–后腿抬高弓步蹲	3~4组	10~15次/侧	中	0	77
哑铃–单腿罗马尼亚硬拉	3~4组	10~15次/侧	中	60秒	83
哑铃–站姿–双臂强力推举	3~4组	8~10次	高	0	36
哑铃–站姿–双臂交替前平举	3~4组	8~10次/侧	中	90秒	28
哑铃–仰卧–双臂飞鸟	3~4组	8~10次	中	0	47
哑铃–训练椅–半跪–单臂后拉	3~4组	8~10次/侧	中	60秒	53

动作	组数	次数或时长	强度	间歇	页码
哑铃–仰卧–双重卷腹	3~4组	15~20次	低	0	58
哑铃–俄罗斯转体	3~4组	20次/侧	低	60秒	66
哑铃–靠墙站姿–锤式弯举	3~4组	10~15次	中	0	14
哑铃–瑞士球–坐姿–双臂颈后屈臂伸	3~4组	10~15次	中	60秒	22

中级力量发展计划

　　本计划适合有一定力量和训练基础的健身爱好者。训练前请按照前文所述的准备活动进行热身，训练后应同样进行正确的整理活动。本计划建议每周 2~3 次，隔日进行，持续 8 周时间。计划包含了全身几乎所有的大肌肉群，能够在巩固提高全身肌群力量的同时加强核心区的稳定性和平衡能力，并改善全身协调发力的能力。

第一周 ~ 第四周

动作	组数	次数或时长	强度	间歇	页码
哑铃–相扑深蹲	3~4组	8~12次	中~高	0	73
哑铃–单腿罗马尼亚硬拉	3~4组	8~12次/侧	中~高	60秒	83
哑铃–坐姿–双臂肩上推举	3~4组	8~10次	中	0	37
哑铃–瑜伽垫–仰卧上拉	3~4组	8~10次	中	90秒	38
哑铃–瑞士球–仰卧–臀桥–双臂飞鸟	3~4组	6~10次	中~高	0	47

动作	组数	次数或时长	强度	间歇	页码
哑铃-俯身-双臂宽距后拉	3~4组	6~10次	中~高	60秒	53
哑铃-仰卧-屈髋卷腹	3~4组	15~20次	低	0	60
哑铃-仰卧-螺旋举腿	3~4组	10~12次/侧	低	60秒	61
哑铃-上斜-仰卧-双臂锤式弯举	3~4组	8~12次	中~高	0	15
哑铃-仰卧-单臂屈臂伸	3~4组	8~12次/侧	中	60秒	20

第五周～第八周

动作	组数	次数或时长	强度	间歇	页码
哑铃–分腿蹲	3~4组	10~15次/侧	中~高	0	81
哑铃–瑞士球–靠墙双腿深蹲	3~4组	10~15次	中~高	60秒	75
哑铃–站姿–双臂锤式推举	3~4组	8~10次	中~高	0	35
哑铃–瑞士球–仰卧–臀桥–直臂上拉	3~4组	8~10次	中~高	90秒	39
哑铃–瑞士球–下斜双臂飞鸟	3~4组	6~8次	中~高	0	48

训练计划

动作	组数	次数或时长	强度	间歇	页码
哑铃–训练椅–半跪–单臂后拉	3~4组	6~8次	中~高	60秒	53
哑铃–双臂高翻	3~4组	15~20次	低~中	0	93
哑铃–双臂借力挺举	3~4组	10~12次/侧	低~中	60秒	95
哑铃–站姿–双臂借力弯举	3~4组	6~10次	中~高	0	17
哑铃–训练椅–半跪–单臂屈臂伸	3~4组	6~10次	中~高	60秒	23

核心发展计划

　　本计划适合对核心部位能力和肌肉线条不满意的人士进行。训练前请按照前文所述的准备活动进行热身，训练后应同样进行正确的整理活动。本计划建议每周 3~5 次，每日或隔日进行，持续 8 周时间。计划中包含了各类增强核心前群、后群的训练项目，在增强腰背力量的同时有效地塑造肌肉线条，改善腰臀比例。可以配合减脂练习进行。请在坚持练习的同时配合科学的饮食。

第一周 ~ 第四周

动作	组数	次数或时长	强度	间歇	页码
哑铃–仰卧–头上卷腹	3~4组	20~30次	低~中	30秒	56
哑铃–仰卧–卷腹–推举	3~4组	15~20次	低	30秒	59
哑铃–瑞士球–俯卧–躯干后伸	3~4组	20~30次	中	30秒	70
哑铃–仰卧–屈髋过顶卷腹	3~4组	15~20次	低~中	30秒	60
哑铃–仰卧–举腿	3~4组	20~30次	低	30秒	62
哑铃–坐姿–俯身双臂弯起	3~4组	20~30次	中	30秒	70

第五周～第八周

动作	组数	次数或时长	强度	间歇	页码
哑铃–仰卧–过顶卷腹	3组	20~30次	低~中	30秒	57
哑铃–仰卧–螺旋举腿	3组	10~15次/侧	低	30秒	61
哑铃–瑞士球–仰卧–臀桥–稳定旋转	3组	15~20次/侧	低~中	30秒	67
哑铃–仰卧–屈髋卷腹–旋转	3组	15~20次	低~中	30秒	61
哑铃–侧桥–单臂飞鸟	3组	15~20次/侧	低	30秒	104
哑铃–俄罗斯转体	3组	15~20次/侧	低~中	30秒	66

四周哑铃增肌计划

增长肌肉、成为型男是很多男性开始健身的初衷。前文也提到过，想要使肌纤维变粗，需要使用 8~12RM 负荷的重量进行练习，组间间歇 30 秒 ~1 分钟。本书建议每周进行 3~4 次训练，采用隔日训练的方式，保证肌肉有一定的恢复时间。

除了科学的锻炼，增肌还需要科学的饮食和良好的作息。

第一周 ~ 第二周

动作	组数	次数或时长	强度	间歇	页码
哑铃－相扑深蹲	3~5组	8~12次	中~高	60秒	73
哑铃－俯卧－双侧腘绳肌收缩	3~5组	8~12次	中	60秒	84
哑铃－分腿蹲	3~5组	8~12次	中~高	60秒	81
哑铃－仰卧－双臂胸前推举	3~5组	8~12次	中~高	60秒	49
哑铃－靠墙站姿－双臂基本弯举	3~5组	8~12次	中	60秒	13
哑铃－坐姿－双臂肩上推举	3~5组	8~12次	中	60秒	37

训练计划

第三周 ~ 第四周

动作	组数	次数或时长	强度	间歇	页码
哑铃－后腿抬高弓步蹲	3~5组	8~12次	中~高	60秒	77
哑铃－单腿罗马尼亚硬拉	3~5组	8~12次	中~高	60秒	83
哑铃－前弓步	3~5组	8~12次	中~高	60秒	85
哑铃－上斜－双臂胸前推举	3~5组	8~12次	中~高	60秒	50
哑铃－坐姿－单臂基本弯举	3~5组	8~12次	中	60秒	10
哑铃－站姿－双臂强力推举	3~5组	8~12次	高	60秒	36

乒乓球专项能力发展计划

　　本计划适合乒乓球运动员和乒乓球爱好者进行身体训练时使用。训练前请按照前文所述的准备活动进行热身，训练后应同样进行正确的整理活动。本计划建议每周 2~3 次，隔日进行，持续 8 周时间。训练包含了乒乓球项目所需的大部分身体练习，正确训练一段时间后能够有效增强运动表现并预防伤病。具体训练安排应根据个人能力及打法的不同加以调整。

第一周 ~ 第四周

动作	组数	次数或时长	强度	间歇	页码
哑铃－前弓步	3组	10~15次/侧	中	0	85
哑铃－基本硬拉	3组	10~15次	中~高	0	81
哑铃－俯卧－双侧腘绳肌收缩	3组	10~15次	中	90秒	84
哑铃－站姿－单臂强力推举	3组	8~10次	中~高	0	36

训练计划

动作	组数	次数或时长	强度	间歇	页码
哑铃-仰卧-双臂飞鸟	3组	8~10次	中	90秒	47
哑铃-仰卧-臀桥-基本上拉	3组	8~10次	中	0	99
哑铃-站姿-肩关节外旋	3组	10~15次	中	90秒	39

动作	组数	次数或时长	强度	间歇	页码
哑铃-瑞士球-后腿抬高弓步蹲	3组	10~12次/侧	中~高	0	77
哑铃-多方向弓步	3组	3~5次/侧	中~高	90秒	85
哑铃-单腿罗马尼亚硬拉	3组	10~15次	中~高	0	83
哑铃-站姿-行走提踵	3组	6~8次	中	90秒	88
哑铃-双臂肩上下蹲推举	3组	10~12次	中	0	98
哑铃-仰卧-推举-飞鸟	3组	8~10次	中	90秒	54
哑铃-瑞士球-仰卧-臀桥-直臂上拉	3组	8~10次	中	0	39
哑铃-侧卧-单侧肩外旋	3组	10~15次/侧	中	90秒	40

训练计划

125

长跑专项能力发展计划

对于长跑爱好者而言，除了心肺耐力，身体的肌肉（主要是臀部肌群、股四头肌、腘绳肌、腓肠肌）力量和主要关节的稳定性也是需要得到针对性的训练的。为了模拟长跑时的机体供能情况，我们在力量训练时通常采用轻负荷、多组数、多次数、短间歇的思路，以培养肌肉的力量耐力，保证良好的机体适应。另外，跑步是一种单边交替进行的循环运动，因此我们在设计训练的时候应该优先考虑单侧训练的方式，一方面增强肌肉能力，另一方面提高关节的稳定性，降低发生损伤的风险。

第一周 ~ 第二周

动作	组数	次数或时长	强度	间歇	页码
哑铃–后腿抬高弓步蹲	4~6组	12~15次	低	60秒	77
哑铃–行走弓步	4~6组	12~15次	低	60秒	86
哑铃–站姿–单侧提踵	4~6组	15~20次	低~中	60秒	87
哑铃–瑞士球–靠墙单腿深蹲	4~6组	8~12次	低	60秒	78

动作	组数	次数或时长	强度	间歇	页码
哑铃-仰卧-屈髋卷腹-旋转	4~6组	12~15次	低	60秒	61
哑铃-单腿臀桥	4~6组	15~20次	中	30~60秒	79
哑铃-俯卧撑旋转	4~6组	8~12次	中	60秒	102

训练计划

羽毛球专项能力发展计划

羽毛球是一项对身体能力要求非常高的运动，想要达到较好的运动水平，你必须拥有过人的力量素质、优秀的耐力水平、迅速的爆发能力和灵敏的脚下移动。此外，为了避免伤病，你还应该具备相应的柔韧性和稳定性。正因为如此，进行高强度的羽毛球练习前，建议在培养身体能力方面做足功夫。

下肢练习

动作	组数	次数或时长	强度	间歇	页码
哑铃－单腿深蹲	3~5组	8~12次	低~中	0	76
哑铃－直腿硬拉	3~5组	8~12次	低~中	90秒	82
哑铃－瑞士球－后腿抬高弓步蹲	3~5组	8~12次	中	0	77
哑铃－深蹲跳	3~5组	8~12次	低~中	90秒	75
哑铃－站姿－行走提踵	3~5组	8~12次	低~中	0	88
哑铃－多方向弓步	3~5组	8~12次	中	90秒	85

上肢及躯干练习

动作	组数	次数或时长	强度	间歇	页码
哑铃–站姿–三级侧平举	3~5组	6~8次	低~中	0	29
哑铃–瑞士球–仰卧–臀桥–直臂上拉	3~5组	8~12次	低~中	90秒	39
哑铃–瑞士球–仰卧–臀桥–双臂飞鸟	3~5组	8~12次	中	0	47
哑铃–俯身–双臂宽距后拉	3~5组	8~12次	中	90秒	53
哑铃–瑞士球–仰卧–头上卷腹	3~5组	15~20次	低~中	0	64
哑铃–下斜俯卧撑	3~5组	12~15次	中	9秒	103

王轩

武汉体育学院运动人体科学专业硕士，国家认证的康复治疗师、体能训练师；2012年起就职于湖北省体育科学研究所，主要工作是为湖北省队优秀运动员提供康复和体能训练服务；2016年1月至7月加入国家体育总局备战里约奥运会身体功能团队，为国家游泳队（徐国义组、叶瑾组）和国家女子篮球队提供体能训练相关服务保障；2017年2月至2022年10月服务于国家乒乓球队，担任女一队体能教练，负责丁宁、刘诗雯、陈梦、孙颖莎等乒乓球名将的日常体能训练指导工作；现任湖北省体育科学研究所体能中心负责人。